뇌에 관한
75가지 질문

뇌에 관한 75가지 질문

묻고 답하며 이해하는 뇌과학

A Journey through the Brain
with 75 Essential Questions

윤은영 저

학지사

들어가는 말

　2016년에 『뇌를 변화시키는 학습법』을 집필하고 난 후 연이어 책을 한 권 더 쓰기로 마음먹었다. 전작은 뇌와 학습법을 연결시킨 것이었지만, 이번에는 뇌가 무엇인지, 뇌와 일상이 어떻게 연결되고 우리 사회에서 뇌기능이 어떻게 응용되는지, 뇌에 관해 전반적으로 기술하는 책을 쓰고 싶었다. '사람들이 뇌라고 하면 무엇을 가장 궁금해할까?' 하고 고민했다. 그래서 홈페이지, 페이스북, 필자의 수업을 듣던 학생들에게 질문을 공모한다는 공고를 냈다. 공고를 낼 당시에는 많은 사람이 관심을 가지고 호응하는 듯했으나, 실제 질문을 보낸 사람은 생각보다 적었다. 인지신경과학(뇌과학)을 전공했다고 하면 '뜨는 학문이다.' '요즘 제일 관심이 많은 분야이다.' '뇌에 관해 너무 궁금했는데 흥미롭겠다.' '물어볼 것이 너무 많다.' 등 사람들의 반응은 다들 비슷하다. 이러한 얘기를 하도 많이 들어 뇌에 관한 질문도 많을 것이라 기대했는데, 실제로는 그렇지 않았던 것이다.

비록 적은 수의 질문이지만 선정된 질문에다가 아주 오래전에 받았던 질문, 인터넷에 올라온 질문, 그리고 우연히 사람들이 던진 질문 그리고 필자가 만든 질문까지 모두 합하여 글을 구성하였다. 감각과 지각, 주의력, 기억력, 집행관리기능, 사회성과 정서, 뇌가소성 등 인지신경과학 교재 목차에 항상 등장하는 주제에 인지기능의 저하와 평가에 대한 부분 그리고 요즘 가장 많이 회자되는 인공지능, 뉴로마케팅에 이르기까지 총 100여 개의 질문을 만든 다음, 글을 쓰면서 필요하다고 판단된 75개의 질문만 추려서 이 책을 완성하게 되었다.

어느 학문이나 마찬가지이지만 인지신경과학에는 전문 용어가 많다. 이런 것을 모두 배제하고 글을 쓸 수는 없었다. 쉽게 설명하려고 했지만 필자의 힘으로는 도저히 더 이상 쉽게 서술할 수 없는 부분도 있었다. '뇌에 관한 이야기를 어떻게 하면 쉽게 전달할 수 있을까?' 하는 많은 고민 끝에 삽화를 직접 그리게 되었다. 평소에 그림을 그리는 것도 아니고 그림에 재주가 있는 것도 아니지만, 요즘 그림 그리는 소프트웨어가 발달한 덕분에 유튜브에 올라와 있는 소프트웨어 강의도 참고하고 인터넷도 뒤져 가면서 삽화를 완성하였다. 하지만 그림에 있어서 전문가가 아니라 머릿속에 상상한 그림과 손이 따로 놀 때가 많았다. 그래서 필자가 그릴 수 있는 한계 내에서 지식을 표현하였다. 책 내용을 이해하는 데 어느 정도 도움이 되기를 기대해 본다.

이 책은 뇌를 전혀 모르는 사람들도 인지신경과학에 다가갈 수 있도록 뇌를 쉽게 설명하고자 애썼다. 한 권의 책으로 뇌의 모든 것을 논할 수는 없다. 부족한 부분이 있겠지만 독자들이 평소에 궁금했던 부분을 조금이라도 해결해 줄 수 있었으면 좋겠다. 그리고 독자들은 이 책을 통해 더 많은 질문과 궁금증이 생기기를 바란다. '뇌에 관한 호기심이 커져서 관련 서적도 찾아보고 연구하고 싶다.'는 마음이 들면 책을 쓴 목적이 어느 정도 달성된 것이라 여긴다.

우리는 느끼고 사고하고 행동한다. 우리의 마음과 행동은 뇌에서 비롯된다. 하지만 우리가 하는 행동이나 감정표현이 '자신'으로부터 나온다는 사실을 너무나 잘 알고 있을지라도, 우리는 이러한 행동과 표현을 굳이 뇌와 매번 연결시키려 하지 않는다. 뇌는 우리의 삶을 담는 그릇이다. 이 안에서는 무수히 많은 일이 일어난다. 그리고 그 그릇의 쓰임이 다하는 날, 우리는 더 이상 사유할 수 없는 지나간 사람이 된다. 어느 누구도 여기에서 예외는 없다.

이 책은 자식을 위해 평생을 살아오신 아버지와 어머니를 생각하면서 썼다. 젊은 시절 혈기 왕성하셨던 부모님께서 연세가 드시고 점점 힘이 빠지는 모습을 보면서 필자의 모습도 생각해 보게 된다. 나이 듦이 기쁠 때도 있었는데, 이제는 어느 가수의 노래처럼 다시 못 올 것에 대해 마음 한 곳이 비어 있는 듯한 느낌으로 다가온다. '항상 감사하면서 살아야지.' 하는 마음 가운데 사람이기에 가끔 두더지 땅판 자국처럼 불쑥 씁쓸한 마음이 올라온다.

이 책 내용에 대해 날카로운 질문과 조언을 해 준 오빠와 책을 쓰는 동안 마음을 써 준 가족들에게 고마운 마음을 전한다. 질문 공모에 참여해 주신 분들과 지금까지 필자에게 뇌에 대해 질문해 주신 분들께도 감사드린다. 그분들의 질문이 책을 완성하는 데 많은 기여를 하였다. 또한 책이 나오기까지 편집을 성심껏 담당해 주신 황미나 편집자님과 투고한 원고에 빠르게 연락 주시고 출판까지 진행해 주신 학지사 관계자들께도 감사드린다.

이 책은 사랑하는 아버지와 어머니께 헌정한다. 자식을 위해 사신 삶에 조금이라도 위로가 되었으면 하는 마음이다.

2018년 4월
한국뇌기능개발센터 윤은영

 **차례**

사랑하는 아버지와 어머니께 이 책을 드립니다.
하나님의 평안과 축복이 두 분께 항상 임하기를 기도합니다.

Part 1

나의 세계: 뇌

1. 뇌는 무엇일까?

　뇌는 삶을 이끌어 가는 주춧돌이다. 뇌는 우리의 삶을 기록하는 장소이기도 하다. 우리가 세상을 통해 경험하는 모든 일은 뇌에서 처리되고 저장되고 인출된다. 이 기록을 다 잃어버리면 몸은 살아 있지만 자신의 존재에 대한 인식은 모조리 없어지게 된다. 자신에 대한 고민을 할 수 있는 것도 뇌 덕분이다. '과연 나는 누구이고 무엇을 어떻게 하며 살아야 하는가?'를 고민하고 생각할 수 있는 것도 뇌가 있기 때문에 가능하다. 타인과의 사회적 교류도 뇌 없이는 불가능하다. 타인의 마음을 읽고 이해하고 공감하며, 타인의 행동이나 행동에 대한 예측으로 나의 행동을 결정하는 과정도 뇌에서 일어난다. 또한 뇌는 '기쁘다' '슬프다' '놀랍다' '역겹다' 등과 같은 감정이 처리되는 곳이기도 하다.

　우리는 눈을 뜨고 세상을 본다. 귀를 열고 바깥의 소리를 듣는다.

냄새를 맡고 맛을 느끼고 피부로 세상을 느낀다. 그리고 우리에게 주어진 문제를 풀고 사고하고 판단하고 결정한다. 또한 기쁘면 웃고 슬프면 울고 두려움에 떨고 놀라서 소리 지르는 이 모든 일은 뇌에서 일어난다. 어려운 일을 당하면 마음이 답답하고 아프다. 흔히 "머리로 알고 마음으로 느낀다."라는 표현을 쓰지만 이러한 답답함도 뇌에서 일어나는 감정 처리의 결과이다. 앎의 처리와 감정의 처리는 모두 뇌에서 일어난다. 우리가 현재 감각하고 느끼고 밖으로 표출하는 모든 표현과 행동의 처리 과정이 뇌라는 그릇 안에서 일어나는 것이다.

뇌는 정보를 수렴하고 명령을 내리고 조정하고 총괄하는 회사의 본부와 비슷하다. 회사 안에서는 부서마다 각각 맡은 일을 하며 부서끼리 소통하고 정보를 통합하고 처리한 다음 결과물을 낸다. 뇌 안에서도 이러한 일들이 일어난다. 즉, 바깥세상에서 몸으로 들어온 신호는 감각신경을 타고 뇌로 전해져 처리되고, 뇌에서 일어난 행동 명령은 운동신경을 통해 신체로 전해진다. 무수한 자극이 뇌로 들어오고 뇌에서는 이러한 정보들이 생물학적으로 처리·조절된다. 이러한 과정이 정신을 형성하고, 이는 실질적인 행동, 즉 구체적인 반응으로 표출된다. 뇌와 몸의 부분부분은 신경으로 연결되어 신체 안에서 일어나는 많은 현상을 조절한다. 이때 뇌는 본부의 역할을 한다.

또한 뇌는 생과 사의 기준이다. 뇌기능이 완전히 정지되어 회복이 불가능한 상태를 뇌사라고 한다. 인공호흡기에 의존해 숨을 쉴 수 있더라도 뇌의 기능이 다해 버리면 죽은 것으로 판정한다. 호흡, 소화 기능과 같은 최소한의 생명유지기능이 살아 있는 식물인간과는 다르다. 결국 뇌는 삶과 죽음을 결정짓고 삶과 죽음을 판단하는 기준이 된다.

지금까지 뇌가 무엇인지에 대한 많은 담론이 이어져 왔다. 뇌와 마음의 관계를 언급하는 '뇌가 마음을 만든다.' 또는 '나는 뇌, 뇌는 나'와 같이 우리의 정체성과 존재를 뇌와 결부시키기도 한다. '뇌=나'라는 등식은 매력적이다. 하지만 누군가 필자에게 뇌가 무엇인지 좀 더 간략하게 대답하기를 원한다면 이렇게 말할 것 같다. 뇌는 삶에서 일어나는 모든 앎과 정서를 처리하는 곳이고 그러한 과정을 통해 형성된 우리의 삶, 즉 인생을 담는 곳이다. 결국 뇌는 우리의 인생을 담는 그릇이다.

뇌는 우리의 인생을
담는 그릇이다.

그림 1-1

2. 뇌에서는 세상의 정보를 어떻게 받아들이고 처리할까?

우리가 눈을 통해 '컵'을 쳐다보면 '컵'은 눈에 보이는 대로 사진 찍은 듯 뇌에 입력되지 않는다. 대신 컵은 신경학적 신호로 바뀐다. 이 신호를 통해 우리는 '컵'을 '컵'이라고 알기도 하고 또는 마시는 동작을 하기도 한다. 뇌를 이해하기 위해서는 뇌에서 일어나는 신경학적 처리 과정을 살짝 아는 것이 도움이 된다. 세상으로부터 들어오는 수많은 정보는 뇌 안에서 신경학적 신호로 바뀌기 때문이다.

바깥세상의 자극이 오감(시각, 청각, 촉각, 미각, 후각)을 통해 들어오면 뇌는 입력된 정보를 처리하기 위하여 자신의 방식으로 정보를 변환한다. 마치 우리가 컴퓨터에 정보를 입력하면 컴퓨터 내에서 정보가 이진법 언어로 표현되고 계산되고 처리되듯이 말이다. 컴퓨터와 다른 점은 뇌는 정보를 처리하기 위해 전기적 신호만이 아니라 화학적 신호도 사용한다는 것이다.

뇌에는 엄청나게 많은 수의 신경세포가 존재한다. 이러한 세포들이 제대로 활동해야 세상으로부터 들어오는 정보를 처리할 수 있다. 정보 처리에 관여하는 기본 세포를 뉴런이라 하는데, 뇌에는 뉴런 외에 교세포도 있다. 교세포의 수는 뉴런의 열 배 정도 된다고 한다. 이 세포는 뉴런에 영양분을 공급하고 죽은 뉴런을 청소하며 뉴런을 둘러싸고 지지하고 지탱하는 역할을 한다. 하지만 최근 연구에 따르면, 신경교세포도 뉴런의 활동에 명령을 내리기도 하고 적극적으로 활동한다고 한다. 여기서는 정보 처리의 기초인 뉴런에 대한 설명에만 집중하고자 한다.

뉴런은 [그림 2-1]에서 볼 수 있듯이 수상돌기(가지돌기)와 축삭을 가지고 있다. 수상돌기는 다른 세포에서 오는 신호를 받아들여 축삭을 통해 전기적 신호를 전달하고, 축삭종말에서 전기적 신호가 화학적 신호로 바뀌게 된다. 화학적 신호는 도파민, 아세틸콜린, 세로토닌, 글루타메이트 등의 신경전달물질로 뉴런과 다른 뉴런 사이 연결부위(시냅스)로 방출된다. 뉴런과 뉴런은 빈틈없이 붙어 있는 것이 아니라 연결부위 사이에 틈(시냅스틈새)이 좀 벌어져 있다. 전기적 신호를 전달하는 전기적 시냅스(electrical synapse)도 있지만 우리가 흔히 알고 있는 시냅스는 벌어진 틈새로 화학적 신호인 신경전달물질을 방출한다. 인접한 뉴런들이 방출된 화학적 신호를 받아들이고, 이는 다시 전기적 신호로 바뀌어 전달된다.

하나의 뉴런은 대략 1,000개 정도의 다른 뉴런들과 연결을 맺고 있다. 뇌로 정보가 입력되면 모든 뉴런이 다 활성화되는 것은 아니다. 일정 수준 이상으로 뉴런이 자극받게 되면 뉴런은 흥분하게 되고 전기적 신호를 일으키게 된다. 뉴런으로 전달된 자극이 일정 수준에 도달하지 못하면 뉴런은 반응하지 않는다.

우리 앞에 놓인 '망치를 본다.'고 가정하자([그림 2-2] 참조). 눈으로 들어온 '망치'에 관한 시각 정보는 뇌의 시각피질을 자극한다. 또한 귀로 '망치' 소리를 들으면 뇌의 청각피질이 반응하게 된다. 뇌 속으로 들어온 '망치' 정보는 뇌가 사용하는 표현 형태로 변환된다. 시각적 망치인지 청각적 망치인지에 따라 해당 영역에서 관련 뉴런들이 활성화되어 전기적·화학적 신호로 변환·전달되면서 서로 의사소통을 한다. 이러한 결과로 우리는 망치를 보고 망치라고 인식하고, '망치'라는 단어를 들으면 무엇을 들었는지 알게 된다. '망치를 직접 들고 사용하는 행동'으로 나타날 수도 있다. 또한 어떤 사람이 망치를 들고 무서운 얼굴 표정을 짓고 있는 모습을 보게 되면 정서와 관련한 뇌 영역의 뉴런들이 자극을 받아 우리는 무섭다는 감정을 느낄 수 있다. 그리고 도망치는 행동 반응이 나타날 수도 있다. 뇌로 들어온 정보는 상황에 따라 다양한 인지적 행동 또는 정서 반응으로 나타나고, 뇌에서는 이것이 전기적·화학적 신호를 통해 처리된다. 만약 뉴런에 문제가 발생하게 되면 신호를 보내는 데 실패하게 된다. 한두 개의 뉴런이 상처를 입었다고 해서 문제가 일어나지는 않는다. 하지만 수많은 뉴런이 손상을 입게 되면 신호 전달에 위험 경보가 울리게 되고, 손상 정도에 따라 장애의 경중이 달라지게 된다.

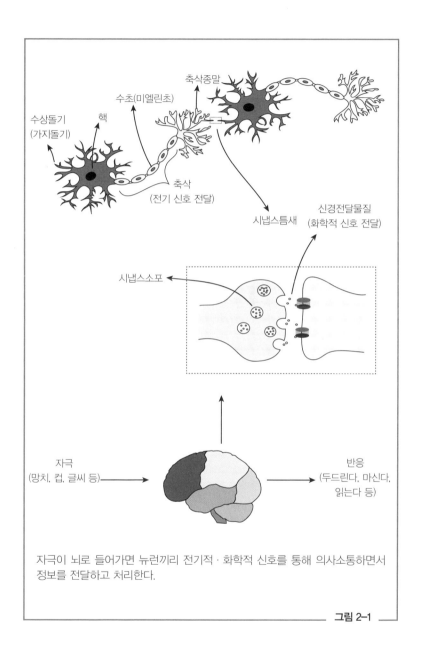

수상돌기
(가지돌기)

핵

수초(미엘린초)

축삭종말

축삭
(전기 신호 전달)

시냅스틈새

신경전달물질
(화학적 신호 전달)

시냅스소포

자극
(망치, 컵, 글씨 등)

반응
(두드린다, 마신다,
읽는다 등)

자극이 뇌로 들어가면 뉴런끼리 전기적 · 화학적 신호를 통해 의사소통하면서
정보를 전달하고 처리한다.

그림 2-1

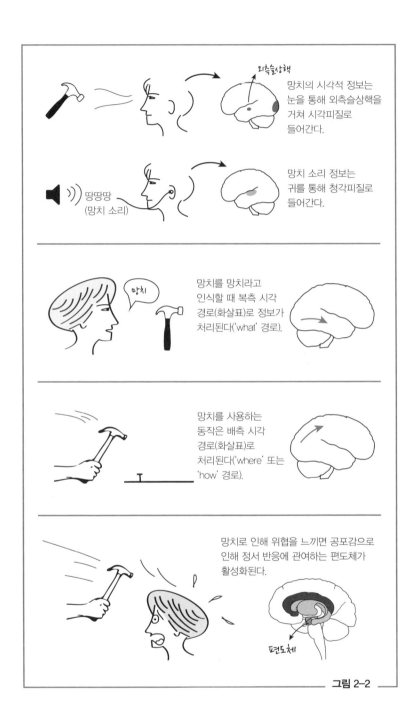

망치의 시각적 정보는 눈을 통해 외측슬상핵을 거쳐 시각피질로 들어간다.

망치 소리 정보는 귀를 통해 청각피질로 들어간다.

망치를 망치라고 인식할 때 복측 시각 경로(화살표)로 정보가 처리된다('what' 경로).

망치를 사용하는 동작은 배측 시각 경로(화살표)로 처리된다('where' 또는 'how' 경로).

망치로 인해 위협을 느끼면 공포감으로 인해 정서 반응에 관여하는 편도체가 활성화된다.

그림 2-2

3. 신경세포(뉴런)의 개수는 몇 개이며 어떻게 측정할까?

　책이나 신문 등을 보면 뇌에는 1,000억 개 정도의 뉴런이 있다고 한다. 책이나 강의에서 빈번히 언급되지만 이 숫자가 나온 시초가 어디인지 제대로 알려져 있지 않다. 뉴런을 일일이 하나, 둘, 셋 하고 세어 볼 수도 없었을 텐데 그렇게 많은 숫자가 어떻게 계산될 수 있는지 사람들은 궁금해한다.

　뉴런의 수를 추정하기 위한 기존의 방법은 뇌의 특정 영역을 표본으로 추출하여 뉴런의 수를 세어 본 다음 나머지 부분을 추정하는 것이다. 문제는 뇌 영역에 따라 뉴런의 밀도가 다르다는 사실이다. 결국 추정치가 정확하지 않을 가능성이 높다. 2009년에 브라질의 신경과학자 수자나 허큘나노-하우즐(Suzana Herculano-Houzel) 박사는 1,000억 개라는 숫자가 정확한지에 대한 의문을 가지고 어떻게 하면 보다 정확하게 뉴런의 수를 추정할 수 있는지 연구했다.

허큘나노-하우즐 박사 연구팀은 생전에 신경학적 질병이 없었던 남성 뇌 4구를 기증받았다. 뇌 영역에 따라 뉴런의 밀도가 다르기 때문에 실제 뉴런의 수가 잘못 측정될 수 있다는 점을 보완하기 위하여 새로운 방법을 사용했다. 세포막을 용해시켜 일명 '뇌수프'를 만든 것이다. 이렇게 만들어진 뇌수프는 균일한 혼합체로 영역에 따른 뉴런의 밀도 차이에 영향을 받지 않게 된다. 뇌수프에서 표본을 추출하고 교세포가 아닌 뉴런에 속하는 세포핵(nucleus)의 숫자를 세어서 전체 뉴런의 숫자를 추정했다. 결론적으로 인간의 뇌는 평균 860억 개의 뉴런을 가지고 있다고 한다.[1] 이는 기존에 알려져 있던 1,000억 개 보다 140억 개가 적은 숫자이다. 1,000억 개나 860억 개는 너무 큰 숫자라 140억 개의 차이가 어느 정도인지 감이 오질 않는다. 2013년 1월의 세계 인구가 71억 명이라고 하니 대략 세계 인구의 두 배에 해당하는 수만큼 차이가 나는 것이다. 허큘나노-하우즐 박사가 개발한 방법은 기존의 방법이 가지는 문제점을 어느 정도 극복했지만 이 역시 추정치이다.

수백억 개의 뉴런이 활동하는 인간의 뇌는 에너지가 필요하다. 그 기능을 유지하기 위해서 많은 열량이 필요하며, 인간이 필요한 하루 열량의 대략 25%를 사용한다. 뇌에서 일어나는 정신적 활동에 많은 에너지를 쏟아붓는 것이다. 뇌를 구성하는 약 860억 개의 뉴런이 주의를 기울이고 기억하고 생각하는 데 관여하기 위해서는 많은 에너지가 필요하다. 공부를 열심히 하고 나면 배가 출출한 이유가 바로 여기에 있다.

인간의 뇌 무게는 약 1.5kg,
뉴런 수는 약 860억 개이다.

코끼리 뇌는 4~5kg,
뉴런 수가 약 2,570억 개,
인간보다 세 배 정도 많다.

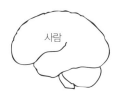

사람

아프리카
코끼리

코끼리 뇌가 크고 전체 뉴런 수가 많다고 해서 아무도 코끼리가 사람보다 더 똑
똑하다고 말하지 않는다. 왜 그럴까?

허큘라노-하우즐 박사에 의하면 그 이유 중 하나는 대뇌
피질(회색)에 있는 뉴런 수가 인지기능과 상관관계가 있다
는 것이다.[2]

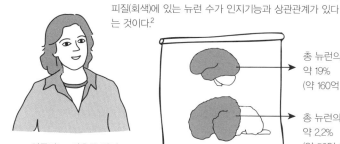

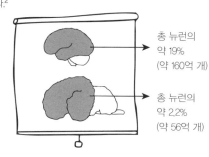

총 뉴런의
약 19%
(약 160억 개)

총 뉴런의
약 2.2%
(약 56억 개)

허큘라노-하우즐 박사

그림 3-1

참고자료

1. Herculano-Houzel, S. (2009). The human brain in numbers: A linearly scaled-up primate brain. *Frontiers in Human Neuroscience, 3*(31). doi:10.3389/neuro.09.031.2009

2. Herculano-Houzel, S., Avelino-de-Souza, K., Neves, K., Porfírio, J., Messeder, D., Feijó, L. M., ⋯ Manger, P. R. (2014). The elephant brain in numbers. *Frontiers in Human Neuroscience, 8*(46). doi: 10.3389/fnana.2014.00046

4. 커넥톰은 무엇일까?

　뇌의 비밀을 풀기 위하여 신경과학자들은 뉴런과 뉴런이 뇌에서 어떻게 연결되어 신경회로를 구성하고 어떻게 기능하는지 궁금증을 풀고자 한다. 바로 인간 커넥톰 연구이다. 현재 미국에서 진행되고 있는 커넥톰 프로젝트는 신경들이 어떻게 구조적이고 기능적으로 연결되어 있는지 보여 주는 지도를 완성하는 것을 목표로 한다. 커넥톰은 신경연결지도, 신경회로도, 또는 신경세포연결망으로 생각하면 쉽게 이해할 수 있을 것이다.

　MIT에서 신경망을 연구하는 학자 세바스찬 승(Sebastian Seung) 교수의 2010년 테드(TED) 강연 제목은 '나는 나의 커넥톰입니다.'이다.[1] 신경이 생성되고 소통하는 과정에서 신경세포들 간에 연결망을 형성하는 것은 유전과 경험의 산물이다. 개개인마다 유전적 정보가 다르고 경험도 다르다. 심지어 일란성 쌍둥이도 차이가 있다. 우리가 지닌 유전 정보와 경험으로 신경들끼리 서로 소통하는 과정에서 연결이 강화되기도 하고 소멸되기도 하면서 신경 연결망이 형성된다. 이러한 사실을 감안하면 강연 제목의 의미를 이해하게 된다. 물론 우리는 우리의 커넥톰 그 이상이다.

인간 커넥톰을 밝히는 일은 쉬운 일이 아니다. 1980년대 중반에 예쁜꼬마선충의 302개 뉴런의 연결망 뇌지도가 학술지에 발표되었다. 그리고 20년이 훌쩍 지나 좀 더 광범위하고 종합적인 예쁜꼬마선충의 지도가 다시 발표되었다. 인간의 뉴런 수는 약 860억 개! 연결망이 밝혀지기까지 많은 세월이 흘러야 될 것 같다. 단, 커넥톰을 분석하는 인공지능이 개발되어 연구에 이용된다면 생각보다 긴 세월이 지나지 않을 수도 있을 것이다.

커넥톰 지도를 만드는 일은 인간 게놈지도를 만드는 일과 비교될 수 있다. 게놈 연구는 생명체의 유전 정보를 파악하고 유전자의 종류와 기능을 이해하여 질병의 유전적 원인을 밝히고 치유하는 데 이용된다. 반면, 커넥톰 연구는 신경들이 어떻게 연결되고 신경회로상에서 어떤 기능을 하는지 이해하고자 한다. 커넥톰 지도는 연결망이 제대로 형성되지 않았거나 일부 손상으로 인해 생기는 장애를 파악하고 치료하는 데 적용될 수 있다. 하지만 유전적인 정보를 알려 주거나 유전적인 정보와 환경적인 요인의 상호작용이 뇌에서 일어나는 방식에 대해서는 설명하지 못한다. 그래서 게놈지도와 연결망 지도는 뇌를 이해하고 질병의 원인과 치료법을 개발하는 데 상호 보완이 될 수 있다. 유전적 요인을 밝히는 데는 게놈지도가, 신경 연결상의 문제를 규명하는 데는 커넥톰 지도가 질병 연구에 크게 기여할 수 있을 것이다.

커넥톰 연구의 선두주자인 콜드 스프링 하버 실험실(Cold Spring Harbor Laboratory: CSHL)의 재도(Anthony Zador) 박사는 신경이 어떻게 연결되어 있는지에 관한 데이터가 뇌에 관한 많은 가정과 이론을 제대로 세우는 데 도움을 준다고 했다. 과학을 전공하고 연구하는 사람들에게는 마음에 깊이 와닿는 이야기이다. 인간의 유전정보를 담은 게놈지도나 커넥톰 지도를 완성하게 된다고 뇌의 비밀이 모두 드러나지는 않는다. 유전정보로만 우리의 뇌가 형성되는 것은 아니기 때문에 게놈지도만으로 뇌의 비밀을 다 알 수는 없다. 커넥톰 지도도 마찬가지이다. 우리는 새롭고 획기적으로 들리는 연구가 발표되면 많은 문제가 스르르 풀릴 듯이 기대를 하지만, 과학의 주류를 완전히 바꿀 만한 발견들은 그렇게 쉽게 나오지 않는다. 그렇다고 이러한 연구를 가볍게 생각할 수는 없다. 커넥톰이 뇌의 모든 것을 밝혀주지는 않을지라도 이러한 연구는 뇌라는 퍼즐을 조금씩 맞춰 가는 과정 중 일부이기 때문이다.

참고자료
1. 세바스찬 승의 테드 강연 https://www.ted.com/talks/ sebastian_seung?language=ko

5. 뇌의 신경회로는
단기간에 형성될 수 있을까?

뇌에 존재하는 엄청나게 많은 신경세포는 무질서하게 존재하지 않는다. 정보를 처리하기 위해서 나름대로 조직화되어 있다. 큰 빌딩을 밝히는 전기회로들이 체계화되어 연결되어 있듯이 뉴런들도 전기회로처럼 체계적이고 조직적으로 상호 연결이 되어 신경회로를 형성한다. 이를 신경망이라고도 한다. 신경회로는 태어날 때부터 미리 다 연결되어 있지 않다. 아이가 엄마 배 속에서 시작해서 세상으로 나와 여러 가지 경험을 하면서 서서히 틀을 잡아 간다.

신경망 형성에 대해서 이야기를 하자면 신경세포가 어떻게 발달하는지 우선 언급할 필요가 있다. 정자와 난자가 만나 수정이 되면 우리가 상상하는 것보다 훨씬 일찍 신경조직이 발달하기 시작한다. 수정 후 한 달이 채 되기 전에 신경관(뇌 발달 초기 단계 구조)에서 뇌와 척수로 발달한다. 임신 6주경이 되면 신경 생성이 시작되어 임신

5개월 이후에 완료된다. 하지만 해마를 포함한 몇몇 영역에서는 성인이 되어서도 신경이 생성된다. 나이가 지긋한 분들에게 치매를 예방하기 위해 운동, 취미생활, 인지훈련 등을 권하는 이유가 바로 여기에 있다.

뇌는 생후 1년 정도까지 놀랄 만큼 성장한다. 임신 초기에는 신경세포가 활발하게 생성된다. 생성된 뉴런은 지정된 장소로 이동하고 분화, 성숙되는 과정을 거쳐 뉴런들끼리 서로서로 정보를 교환하고 전달할 수 있는 단계로 성장한다. 즉, 뉴런은 줄기(축삭)와 가지(수상돌기)와 가시(수지상극)를 뻗으며 성숙기를 거치고, 뉴런들끼리 의사소통을 할 수 있는 시냅스를 생성한다. 시냅스는 앞으로 사용할 정확한 수만큼 생성되는 것이 아니라 훨씬 많이 생성된다. 과잉생성된 시냅스는 성인이 되기까지 40% 정도 가지치기한다.

시냅스 밀도가 절정에 이르고 성인의 수로 줄어드는 시기는 뇌 영역에 따라 차이가 난다. 예를 들어, 시각기능과 관련한 후두엽의 시냅스 밀도는 생후 6개월 전 혹은 그 무렵에 절정에 다다르고, 학령기 전에 성인의 수준에 이른다. 하지만 고차원적인 사고를 담당하는 전두엽에서는 한 살 무렵 절정에 이르고, 청소년기에 가지치기가 일어난 후에 성인의 수로 줄어든다.

신경회로는 뉴런과 뉴런 사이의 시냅스를 통해 이루어진다. 뉴런이 다른 뉴런을 활성화시키게 되면 시냅스의 연결성이 증가한다. 지속적이고 반복적으로 활성화되면 이 연결성은 더욱 강해진다. 자주 활성화되는 연결은 강화되는 반면, 쓰이지 않고 연결성이 약한 시냅스는 제거된다. 1949년에 캐나다 맥길(McGill) 대학교의 헤브(Hebb)

교수가 주장한 헤브의 법칙(Hebbian rule)이다. 결국 세상을 경험하고 학습하는 동안 지속적으로 활성화된 강한 세포의 연결은 남고 불필요한 부분은 솎아지면서 신경회로의 틀이 잡힌다. 성인이 되기까지 과잉생성된 신경세포의 40%가 솎아진다고 하니 신경회로의 형성은 단기간에 결정지어지는 것은 아니다.

6. 뇌 영역은 어떻게 나눠질까?

　이 질문에서는 대뇌피질의 해부학적·기능적 영역과 역할에 대해 이야기하고자 한다. 뇌는 좌반구와 우반구 두 개의 반구로 나누어지며, 껍질 부분에 해당하는 대뇌피질은 피질 아래쪽에 위치한 해마(hippocampus), 시상(thalamus), 편도체(amygdala), 기저핵(basal ganglia)과 같은 피질하영역(subcortical area)을 덮고 있으며 울퉁불퉁 주름진 모양을 하고 있다. 여기서는 대뇌피질이 어떻게 나뉘는지 가장 기본적이고 최근에 알려진 내용을 간략하게 추려서 그림으로 구성하였다. [그림 6-1]~[그림 6-4]에 걸쳐 뇌영상 사진, 대뇌피질을 구성하는 4개의 엽과 각각의 기능 그리고 1900년대 독일 신경과학자의 대뇌피질 구획법과 100여 년이 지난 후 2016년에 발표된 뇌지도를 소개하고자 한다. 독자의 이해를 돕기 위해 4개의 그림을 통해 이 질문에 대한 답을 간략하게 대신하고자 한다.

뇌 모습

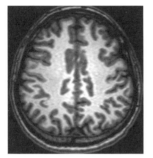

위에서 내려본 모습(가로면)

인간의 뇌는 좌반구와 우반구 두 개의 반구로 구성되어 있으며 뇌량(Corpus Callosum)이 두 반구를 연결한다. 또한 대뇌피질은 회(색)질과 백(색)질로 나뉜다. 회색질과 백색질의 색깔 차이는 백색질에 상대적으로 많은 수초화된 축삭 때문이다([그림 2-1 참조]). 수초화는 정보전달 속도를 빠르게 한다. 옆의 뇌영상 사진을 보면 두 개의 반구와 회색질과 백색질을 쉽게 구별할 수 있을 것이다.

뇌량

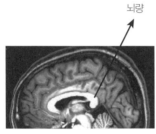

옆에서 본 모습(시상면)

해마   시상

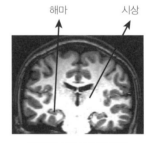

정면에서 본 모습(관상면)

위 사진에서 대뇌피질의 주름진 모습을 볼 수 있다.
주름이 나온 부분과 들어간 부분은 각각 아래와 같이 불린다.

이랑, 회(gyrus)

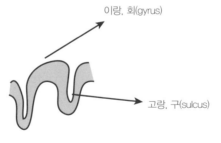

고랑, 구(sulcus)

대뇌피질의 주름

그림 6-1

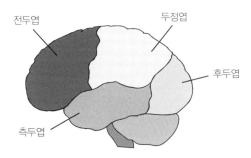

뇌의 엽과 기능

전두엽   두정엽

후두엽

측두엽

대뇌반구는 크게 4개의 엽(lobe)으로 나뉜다.

후두엽(occipital lobe)
망막에 맺힌 이미지 정보는 시신경을 타고 후두엽으로 전달되고 여기에서 시각 정보가 분해, 결합, 변형 등의 처리 과정을 겪는다. 후두엽을 다치면 시야는 정상인데 시각 정보를 인식할 수 없기 때문에 앞을 볼 수 없는 것처럼 된다.

두정엽(parietal lobe)
일차몸감각피질(primary somatosensory cortex)이 위치하고 있어 신체에서 오는 다양한 감각 정보를 받아들인다. 또한 공간 정보와 동작을 처리하는 '어디(where)'와 '어떻게(how)' 경로가 후두엽에서 시작하여 두정엽으로 연결되어 있어 사물의 공간상 위치와 사물의 행위자(사용자) 사이의 상호작용(action)을 이끄는 데 핵심적인 역할을 한다. 시공간 주의력과 관련 있으며, 읽고 쓰고 계산하는 처리 과정에 적극 개입한다.

측두엽(temporal lobe)
일차청각피질(primary auditory cortex)이 위치하고 있어서 소리 정보를 처리하는 데 관여한다. 사물 인식과 관련 있는 '무엇(what)' 경로가 후두엽에서 시작하여 측두엽으로 뻗어 있기 때문에 시야에 들어온 사물이 무엇인지 인식할 때 개입한다. 또한 측두엽 안쪽을 지칭하는 내측두엽은 해마와 그 주변 영역으로 구성되어 있으며 장기기억 형성에 결정적인 역할을 한다.

전두엽(frontal lobe)
복잡한 사고와 문제 해결, 추리, 행동 통제와 조절, 계획 등 인간의 고차원적 생각과 행동을 관장하는 집행관리기능을 한다. 또한 정보의 선택, 억제, 전환 등 주의력 관련 기능과 정보를 일시적으로 저장, 유지, 조작하는 작업기억과도 연관되어 있다. 전두엽은 전전두엽과 일차운동피질(primary motor cortex), 전두안구영역(frontal eye field), 전운동영역(premotor area) 등을 포함한다.

그림 6-2

출처: 윤은영(2016). **뇌를 변화시키는 학습법**. 대구: 한국뇌기능개발센터.

브로드만(Brodmann) 영역

독일 신경과학자 브로드만(Brodmann)은 1900년대 초 대뇌피질을 관찰하여 세포의 구조
와 구성(세포구축: cytoarchitecture)에 따라 뇌 영역을 나눈 다음 번호를 매겼다. 브로드만
구획법은 수정되고 개선되어 100년이 지난 지금까지 사용될 정도로 잘 알려져 있으며 뇌
관련 논문에서도 자주 인용된다.

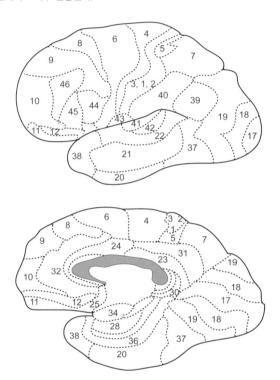

영역 3, 1, 2: 일차몸감각피질(primary somatosensory cortex)
영역 4: 일차운동피질(primary motor cortex)
영역 11, 12: 안와전두영역(orbitofrontal area)
영역 17: 일차시각피질(primary visual cortex)
영역 22: 꼬리 쪽은 언어 이해와 관련한 베르니케(Wernicke) 영역을 포함
영역 37: 방추형이랑(fusiform gyrus)
영역 41, 42: 청각피질
영역 44, 45: 언어와 관련한 브로카(Broca) 영역을 포함

──────── **그림 6-3** ────────

출처: http://umich.edu/~cogneuro/jpg/Brodmann.html

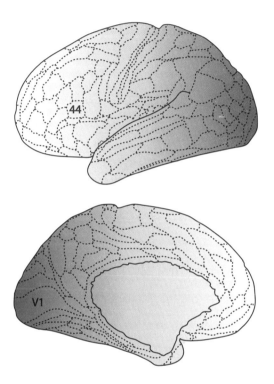

2016년 새로운 뇌지도

미국 세인트 루이스에 있는 워싱턴(Washington) 대학교 의과대학 팀을 중심으로 영국, 네덜란드 신경과학자들이 대뇌피질을 180개의 하위 영역으로 나눈 뇌지도를 2016년에 『네이처(Nature)』에 발표하였다. 인간 커넥톰 프로젝트의 일환으로 이루어진 이 연구를 통해 기존에 알려진 83개 영역에 97개의 새로운 영역을 추가했다. 브로드만 구획법은 세포의 구조와 구성에 따라 영역을 나눈 반면, 새로운 뇌지도는 뇌의 구조, 기능, 연결성, 해부학적 요인을 모두 고려하여 신경해부학적 정확도를 높였다.

그림 6-4

출처: Glasser, M. F., Coalson, T. S., Robinson, E. C., Hacker, C. D., Harwell, J., Yacoub, E., K., … Van Essen, D. C. (2016). A multi-modal parcellation of human cerebral cortex. *Nature, 536,* 171-178. doi: 10.1038/nature18933

7. 뇌는 유전자에 의해서만
영향을 받을까?

뇌가 발달하는 데 유전자의 영향은 참으로 중요하다. 하지만 환경의 영향도 무시할 수 없을 만큼 지대하다. 유전적인 영향이 더 큰지 아니면 환경적인 영향이 더 큰지 딱 잘라 말할 수는 없다. 앞서 엄마 배 속에 있는 태아에게서 신경세포가 생성이 되고 이동, 분화, 성장하고 시냅스가 생성된다고 했다. 각자 가지고 있는 유전적인 정보가 이러한 과정에 깊숙이 개입하여 뇌의 발달을 결정짓는 듯하다. 하지만 엄마의 배 속에서 나와 세상을 마주하면서 발달하고 성장해 나갈 때 환경에 의한 영향력은 실로 엄청나다.

환경이 뇌 발달에 미치는 영향을 알려 주는 예로 루마니아 고아원 아동 연구가 가장 많이 언급된다. 1970~1980년대 루마니아 고아원에서는 아이들이 영양 공급도 제대로 받지 못하고 간이침대에서 생활하는 열악한 환경 속에 지냈다. 사람들과 사회적 상호작용이 거의 없었다. 이러한 결핍으로 인해 아이들은 질병에 시달리고 심각한 발달 지체를 보였다. 이후 선진국으로 입양된 아동들이 만 4세가 되었을 때 발달상태를 조사해 보니 아동들은 신체적으로 인지적으로 상당한 호전을 보였다. 특히 생후 6개월 이전에 입양되었을 경우 훨씬 빨리 결핍에서 회복되었다. 반면, 고아원에 남아 여전히 열악한 환경 속에서 생활하는 아동의 경우 뇌 발달이 심각하게 지체되었고 회복이 불가능하였다. 어릴 때 주변 환경에서 받는 자극은 발달 지체에서 회복 가능 또는 불가능을 결정할 만큼 치명적인 영향을 미친다. 결국 심리적이고 사회적인 박탈이 장기화될수록 뇌의 기능이 회복 불능 상태에 이르게 된다.[1]

뇌의 기능은 유전자로만 결정되는 것이 아니다. 개인이 가지고 있는 유전적 정보는 중요하지만 유전적 정보가 우리의 삶과 생명 활동을 고정시키고 한정 짓지 않는다. 뇌기능이 유전자에 의해서만 결정된다고 하면 우리는 태어나서 노력할 것이 아무것도 없다. 이미 결정이 났는데 무엇을 한들 소용없기 때문이다. 하지만 환경이 뇌 발달에 미치는 영향은 결코 간과될 수 없다. 앞서 언급했다시피 신경회로의 형성은 태어나면서부터 모두 결정지어지는 것이 아니다. 세상 속에서 겪는 경험을 통해 강해진 시냅스 연결은 남고 잘 쓰이지 않아 약화된 시냅스 연결은 숨어진다고 했다. 그렇다고 유전자는 아무 일도 하지 않고 가만히 있는다는 이야기는 아니다. 신경회로의 발달은 우리가 가지고 있는 유전적 정보와 환경의 공동작업으로 이루어진 결과이다.

참고자료

1. Nelson III, C. A., Zeanah, C. H., Fox, N. A., Marshall, P. J., Smyke, A. T., & Guthrie, D. (2007). Cognitive recovery in socially deprived young children: The Bucharest early intervention project. *Science, 318*, 1937-1940. doi: 10.1126/science.1143921

8. 인간은 평생토록 뇌를 어느 정도 사용할까?

　시중에 떠도는 이야기로는 인간은 평생 동안 자신의 뇌 용량의 10% 정도밖에 사용하지 못한다고 한다. 하지만 이 이야기는 맞지 않다. 혹자는 뇌의 용량은 무한대라고 말한다. 뇌가 생성되고 죽을 때까지 사용하고 기억을 저장한다는 의미에서 그렇다고 한다. 과연 무한대인지 그것도 의구심이 든다. 인간의 뇌가 무한대라면 망각이라는 현상 자체가 일어날 이유가 없다. 아인슈타인(Einstein)은 뇌를 충분히 다 사용하여 천재이고 그렇지 않은 사람들은 뇌를 제대로 다 사용하지 못한 것이라는 말도 정확한 이야기는 아니다. 아인슈타인이 그렇게 사용했다는 증거는 어디에도 없다.

　앞서 인간의 뇌에는 약 860억 개의 뉴런이 있다고 했다. 그중 우리는 얼마를 사용할까? 모른다. 배 속에서 자라고 있는 태아의 뇌에서는 신경세포가 과잉생성된다. 성인이 필요한 신경세포의 수보다 훨씬 많이 생성된다. 서로 살아남기 위해 경쟁하다가 낙오된 세포는 죽음을 맞이한다. 세포사(apoptosis)이다. 누구나 발달 과정에서 일어나는 현상이다. 아이의 뇌에 생성된 신경세포는 무작정 신경망을 형성하지 않는다. 유전적인 정보와 환경적인 경험에 의해 약 860억 개의 많은 뉴런이 얽히고설켜 신경망을 형성한다. 그래서 뇌로 들어온 정보를 하나의 세포 또는 한 영역에서만 처리하는 것이 아니라 관련 영역으로 정보를 보내고 상호 통신하면서 정보를 처리하는 것이다. 신경망을 형성하여 정보를 전달하는 뇌의 메커니즘을 생각해 볼 때 '과연 뇌 용량의 10% 정도밖에 사용하지 못할까?'라는 의문이 당연히 생길 수 있다.

우리가 일생 동안 사용하는 뇌 용량을 한정된 수치로 단정하기는 어렵다. 뇌의 용량이 무한하다고 한다면 우리는 노력해서 뇌를 더 활용해야 되겠다는 의지가 생길지도 모르겠다. 무엇인가 하면 될 것 같다는 구체적이지 않지만 희미한 희망의 불빛 같기는 하다. 하지만 뇌에서 일어나는 동시다발적 인지 처리 과정은 제한적이다. 뇌에서 한꺼번에 처리할 수 있는 정보의 양도 제한적이다. 우리의 감각기억도 제한적이라서 정보를 받아들인 다음 감각기억에서 빨리 사라지고 만다. 순식간에 사라지지만 지속적으로 새로운 정보를 받아들인다. 단기간 정보를 저장하고 비교적 짧은 시간 동안 필요한 정보를 조작·이용하고 유지하는 작업기억(working memory; 혹은 작동기억)도 용량이 제한적이다. 주의력도 무한하지 않다. "노력해 봤자 소용이 없겠네!" 하고 기운 빼는 이야기는 아니다. 정보를 한꺼번에 동시에 처리하는 데는 제한적이지만 뇌는 죽을 때까지 작동한다.

우리는 평생토록 뇌를 어느 정도 사용하는지 알지 못한다. 평생 동안 사용하는 뇌 용량이 중요한 것이 아니라 우리의 뇌를 효율적이고 건강하게 바꿔 놓는 것이 중요하다. 뇌는 경험과 환경에 따라 변한다. 그만큼 융통성이 있다. 뇌의 탄력적 변화와 제한적인 정보 처리 능력을 감안한다면 뇌를 어떻게 사용하느냐에 따라 뇌기능의 효율성은 엄청나게 달라진다. 이 효율성이 우리의 뇌를 훨씬 더 생산적이게 바꿔 놓을 수 있다. 결국 '뇌를 어떻게 무한정 이용할 수 있을까?'를 고민하기보다는 '어떻게 하면 뇌에서 정보를 효율적으로 처리하도록 만들 수 있을까?'를 고민해야 한다. 더욱 건강하고 잠재력이 넘치게 뇌를 바꿔 놓기 위해서는 좋은 경험과 환경을 만들도록 스스로 노력을 해야 한다.

Part 2

변하는 뇌:
뇌(신경)가소성과 발달

9. 뇌는 경험에 따라
변한다고 하는데 사실일까?

　우리가 하는 경험에 따라 뇌는 변한다. 우리가 상상하는 것보다 뇌는 탄력적으로 변화한다. 신경회로가 형성되면 처음 그대로 고착화되는 것이 아니라 우리가 받는 자극과 반응에 따라 변하게 된다. 이러한 성질을 뇌(신경)가소성이라 부른다. 가소성에 의한 뇌의 변화는 다양한 형태로 일어날 수 있다. 대뇌피질은 회질과 백질로 구성되어 있는데, 가소성에 의해 회질과 백질의 두께가 변할 수 있다. 또한 뉴런에서 신호를 받아들이는 가지돌기의 수의 변화, 신호를 전달하는 통로가 되는 축삭을 둘러싼 수초의 변화로 정보를 처리할 수 있는 능력이 달라지게 된다. 이 외에도 시냅스 형성, 호르몬 분비, 유전자 발현, 분자 구조 등 여러 가지 변화 형태로 나타날 수 있다. 결국 뇌가소성으로 인해 뇌에서는 신경 연결이 수정되어 기능적인 재편성이 일어나기도 하며, 구조적 변화가 일어나기도 한다. 이러한 가소성은 어린이나 성인뿐만 아니라 노인에게도 일어난다.

뇌는 변화에 유연하다. 어린 족제비 실험을 보면 그 의미를 알 수 있다. 눈으로 들어오는 정보는 뇌의 시각피질에서 받아들이고 소리 정보는 청각피질에서 받아들인다. 어린 족제비의 한쪽 시신경을 청각 영역으로 통하도록 연결시키면 족제비의 청각피질로 시각 정보가 지속적으로 들어오게 된다. 소리를 감지하고 듣는 영역인 청각피질의 역할에 맞지 않는 시각 정보가 들어온다고 해서 청각피질이 반응하지 않은 채 가만히 있지 않는다. 점점 적응하고 반응하게 된다. 결국 어린 족제비의 청각피질이 시각 정보 처리 과정에 개입하게 된다.[1]

아주 어릴 때부터 눈이 보이지 않는 사람의 시각피질은 어떨까? 시각피질이 전혀 발달하지 않게 되는 걸까 아니면 다른 역할을 하게 되는 걸까? 답은 후자이다. 일반인들은 책을 읽을 때 시각을 사용하고 눈으로 들어오는 글자의 패턴 정보를 시각피질이 처리한다. 반면, 어릴 때 시력을 상실한 사람이 점자책을 읽게 될 때는 시각 정보가 아닌 촉각을 사용한다. 이때 시각피질이 개입하게 된다.[2] 눈이 제 기능을 하지 못하고 보지 못하게 되어 시각피질이 제 역할을 못하게 되면 역할에 변화가 온다. 시각 정보를 받아들이지 못하지만 시각피질은 가만히 있지 않고 촉각과 같은 다른 자극에 반응하게 된다. 또한 시각피질이 촉각에만 반응하는 것이 아니라 청각 자극에 반응하기도 한다. 이런 사실로 볼 때 뇌의 각 영역의 기능은 처해진 환경에 따라 탄력적으로 대응한다는 것을 알 수 있다. 이는 가소성의 결과이다.

음악을 직업으로 삼는 전문 음악가는 일반인들과는 다르게 거의 매일 악기를 연마한다. 그들의 뇌는 음악을 연주하지 않는 일반인들과 다르다. 일반인의 뇌와 전문 음악가의 뇌를 뇌영상촬영을 통해 살펴보면 기능적·구조적으로 차이를 보인다. 전문 음악가의 경우 측두평면(planum temporale), 뇌량(corpus callosum), 운동 영역(motor area), 소뇌(cerebellum)와 같은 영역이 일반인보다 더 확장되어 있다.[3] 게다가 악기를 연주하는 사람들은 음의 높낮이에 더 민감하게 반응한다. 전문 음악가라 할지라도 자신이 전공하는 악기 소리에 뇌는 더 민감하게 반응한다. 전공 악기로 연주되는 음악을 들으면 청각피질을 비롯한 광범위한 영역이 활성화되지만 전공 악기가 아닌 악기 소리에는 덜 활성화된다.[4]

운동선수의 뇌도 연습에 따라 구조적 변화를 보인다. 골프 수준이 어느 정도에 도달하면 전문 골프 선수나 오랫동안 꾸준히 연습한 수준급의 골프인의 차이는 없다. 하지만 골프 선수들이나 수준급의 골프인과 그렇지 않은 초보자들의 뇌는 차이가 난다. 수준급 골프인(핸디캡 15 이하)의 경우 두정 영역(parietal area)과 전운동 영역(premotor area)을 포함한 두정-전두엽 네트워크상에 나타나는 회백질 볼륨이 초보자나 골프를 치지 않는 사람들에 비해 더 크다.[5]

뇌는 변화에 융통성 있게 반응하고 유동적이어서 우리가 어떤 환경에 둘러싸여 있는지 그리고 어떤 경험을 하는지에 따라 변한다. 하지만 이런 변화는 영원하지 않다. 열심히 한두 달 노력한다고 뇌가 발전할 것이라고 생각할 수는 없다. 노력하는 동안 변화되지만 영속성은 없다. 또한 항상 긍정적 방향으로 변화하는 것이 아니라 환경에 따라 부정적인 방향으로 변할 수도 있다. 가소성이라는 속성을 고려하면 우리는 어떻게 뇌를 건강하게 만들어야 할지 고민하고, 건강한 뇌를 만들기 위하여 끊임없이 노력해야 한다.

참고자료

1. Sur, M., & Leamey, C. A. (2001). Development and plasticity of cortical areas and networks. *Nature Reviews of Neuroscience, 2*, 251-262. doi: 10.1038/35067562

2. Sadato, N., Pascual-Leone, A., Grafman, J., Ibañez, V., Deiber, M-P., Dold, G., & Hallett, M. (1996). Activation of the primary visual cortex by braille reading in blind subjects. *Nature, 380*, 526-528. doi: 10.1038/380526a0

3. Münte, T. F., Altenmüller, E., & Jäncke, L. (2002). The musician's brain as a model of neuroplasticity. *Nature Reviews of Neuroscience, 3*, 473-478. doi:10.1038/nrn843

4. Margulis, E. H., Mlsna, L. M., Uppunda, A. K., Parrish, T. B., & Wong, P. C. M. (2009). Selective neurophysiologic responses to music in instrumentalists with different listening biographies. *Human Brain Mapping, 30*, 267-275. doi: 10.1002/hbm.20503

5. Jäncke, L., Koeneke, S., Hoppe, A., Rominger, C., & Hänggi, J. (2009). The architecture of the golfer's brain. *PLoS ONE, 4*(3), e4785. doi:10.1371/journal.pone.0004785

10. 뇌가소성에 영향을 미치는 요인은 무엇일까?

　자극이 풍부한 환경에 놓이게 되면 뇌기능이 향상될 수 있다. 이 말의 의미를 잘못 받아들이게 되면 무엇이든 풍부하고 부족함 없는 환경 속에 있어야 뇌가 발달할 것이라고 오해하게 된다. 오히려 과잉보호하거나 너무 부족함 없는 환경 속에 놓이게 되면 뇌는 자극을 받지 못하고 도전하려는 의지가 없어지게 된다. 자극이 풍성한 환경에 대한 제대로 된 이해가 우선되어야 한다. 쥐 실험을 하는 연구자들의 경우 자극이 풍성한 환경을 만들기 위해 쥐 우리 안에 갖가지 모양의 터널, 장난감, 그리고 회전바퀴 등을 비치한다. 그리고 사회적 환경을 조성하기 위해 여러 마리의 쥐를 함께 생활하도록 한다. 풍성한 환경이란 결국 쥐들이 많이 움직이고 다양한 체험을 할 수 있는 물리적 환경과 쥐들의 상호작용을 위한 사회적 환경을 조성하는 것을 말한다. 뇌손상을 입은 쥐들도 사회적 접촉이 많고 신체적으로 많이 움직일 때 우리 안에서 지내는 쥐들보다 훨씬 빨리 회복한다.

인간의 경우도 마찬가지이다. 내가 아무 생각하지 않아도 알아서 척척 챙겨 주는 사람이 있다면 뇌는 오히려 충분한 자극을 받지 못한다. 자극을 줄 수 있는 환경은 활발한 사회적 상호작용이 있는 경우를 의미하고, 육체적·정신적으로 다양한 경험을 할 수 있는 환경을 의미한다. 아이들이 하루 종일 책상 앞에 앉아 있는 환경은 뇌에 좋은 환경이 아니다. 부족한 과목마다 개인 교사를 들이거나 학원에 다니는 것은 척박한 환경이지 풍부한 환경은 아니다. 책을 많이 읽는 것은 중요하지만 책만으로 얻은 지식은 결국 책상 앞 지식에 그치게 된다. 거실에 책이 많은 집을 보면 사람들이 부러워한다. 책이 집주인의 머릿속에 들어가 살아 숨 쉬는 지식이 된 것인지의 여부는 궁금하지 않다. 눈에 보이는 책이 많으면 책을 많이 읽는 집으로 단정하고 부럽다고 생각한다. 책을 백 권을 읽어도 눈으로만 읽는 데 치중했다면 별 소용이 없다. 열 권을 읽더라도 책 내용을 생각하고 응용하고 삶에 적용하는 능력을 키우는 것이 뇌를 변화시키는 데 도움이 된다.

요즘 아이들에게는 학원 다니는 것이 일상적인 삶의 한 부분이다. 특히 영재고등학교나 과학고등학교를 가려고 하는 학생은 학원을 몇 군데나 다닌다. 학원에서 우수한 그룹에 속하기 위해 과외 교습도 받는다. 선행 학습을 위한 선생님도 필요하다. 결국 한 과목당 2~3개의 과외 공부를 하는 사람들도 있다. 치열한 경쟁을 하는 동네나 학교일수록 이런 학생들이 더욱 많다. 스트레스로 인한 심리적인 압박감이 더할 것 같다. 어릴 때는 심적으로 압박을 받더라도 부모가 시키는 대로 하는 경향이 있지만 눌려 있던 압박감이 폭발하게 되면 진정될 때까지 예상치 못하게 오랜 기간이 필요할 수도 있다.

스트레스는 인지기능에 부정적인 영향을 끼친다. 만병의 근원이라는 말도 있다. 과하지 않은 단기간의 스트레스는 전전두엽에서 글루타메이트(glutamate)라는 신경전달물질의 전달을 증가시켜 작업기억력을 향상시킬 수 있다.[1] 하지만 그것은 짧은 기간 동안에 발생한 심하지 않은 스트레스이다. 지나친 만성 스트레스는 기억을 저하시켜 해마와 같은 뇌 영역을 구조적·기능적으로 변하게 한다.

간혹 신문에 마약중독자의 사진이 나오는 경우가 있다. 중독 전 사진과 중독 후 사진을 보면 처참하기 그지없다. 멀쩡해 보이던 사람이 완전히 폐인처럼 되어 있어 같은 사람인지 의심이 들 정도이다. 환경적인 요소, 정서적인 요소도 뇌를 변화시키지만 정신활동과 관련한 약물, 예를 들어 암페타민, 메틸페니데이트 등과 같은 정신활성 약물과 코카인과 같은 마약의 남용은 뇌를 부정적인 방향으로 변화시킨다.[2] 마약의 위험성은 누구나 알고 있지만, ADHD 치료제 성분으로 알려진 암페타민이나 메틸페니데이트는 약이라는 생각에 쉽게 남용하기도 한다. 하지만 이러한 약물도 뇌에 부정적으로 작용할 수 있다. 보통의 쥐는 복잡하고 풍성한 환경에 있게 되면 뇌가 변한다. 긍정적 방향으로 변한다. 하지만 암페타민과 같은 약물에 노출된 쥐는 나중에 좋은 환경에 놓이게 되더라도 시냅스상의 변화가 제한된다는 연구결과가 있다.[3] 이러한 향정신성 약물은 담당 의사와 충분히 상의하여 복용 시 주의를 기울여야 할 것이다.

이 외에도 뇌를 변화시키는 요소들은 많다. 오감을 통한 감각 자

극, 운동, 사람과의 관계, 호르몬과 영양 상태 등 다양한 요소가 뇌가
소성에 기여한다. 어릴 때 이러한 요소들에 노출된 경험과 정도는 성
인이 되어 뇌손상으로 인한 회복 정도까지 영향을 미칠 수 있다.

참고자료

1. Yuen, E. Y., Liu, W., Karatsoreos, I. N., Feng, J., McEwen, B. S., & Yan, Z. (2009). Acute stress enhances glutamatergic transmission in prefrontal cortex and facilitates working memory. *Proceedings of the National Academy of Sciences, 106*(33), 14075-14079. doi: 10.1073/pnas.0906791106

2. Kolb, B., Mychasiuk, R., Muhammad, A., & Robbin G. (2013). Brain plasticity in the developing brain. *Progress in Brain Research, 207*, 35-64. doi: 10.1016/B978-0-444-63327-9.00005-9

3. Kolb, B., Gorny, G., Li, Y., Samaha, A-N., & Robinson, T. E. (2003). Amphetamine or cocaine limits the ability of later experience to promote structural plasticity in the neocortex and nucleus accumbens. *Proceedings of the National Academy of Sciences, 100*(18), 10523-10528. doi: 10.1073/pnas.1834271100

11. 뇌는 나이에 따라
어떻게 변할까?*

　뇌가 급격하게 변하는 시기를 크게 유아기, 청소년기, 노년기로 나눌 수 있다. 뇌는 지속적으로 변하지만 가장 특징적인 시기가 바로 이 기간이다.

　유아기 뇌 발달의 큰 특징은 급격한 생물학적 변화이다. 태아의 뇌 안에서는 뉴런이 생성되고, 이동·분화·성숙한다. 뉴런이 생성되었다는 말은 뉴런끼리 서로 정보를 교환할 준비가 되었다는 것이다. 이때 시냅스가 생성된다. 바깥세상으로부터 정보를 받아들일 준비를 시작한 것이다. 시냅스는 실제 사용되는 것보다 과잉생성된다. 그 후

---

* 이 글은 2014년 6월 24일 저자가 매일춘추에 기고한 칼럼의 일부 내용을 포함하고 있습니다.
출처: 매일춘추 웹사이트(http://www.imaeil.com/sub_news/sub_news_view.php?news_id=29743&yy=2014#axzz35WBnbC6g).

잘 사용되지 않는 시냅스는 솎아 내기를 통해 제거된다. 정자와 난자가 만나 분화하는 순간부터 세상에 태어나기까지 배 속에 있는 태아의 뇌가 형성되기 위해 신경세포가 생성되고 시냅스가 형성되는 일은 너무 중대하다. 신경세포 생성이 멈추지 않거나, 유전적 정보에 의해 세포가 지정된 장소로 제대로 이동하지 않거나, 가지 뻗기가 적절하게 이루어지지 않으면 뇌에서 장애가 발생한다. 또한 임신 중 산모의 정서와 영양 상태는 태아의 뇌 발달에 상당한 영향을 끼친다. 한 생명이 잉태되고 건강하게 자라는 일은 저절로 자연스럽게 되는 일 같지만 그리 쉬운 일은 아니다.

유년기의 변화는 누구나 쉽게 눈으로 확인할 수 있다. 육체와 행동이 급격하게 성장하기 때문이다. 뇌도 육체만큼 빠르게 성장한다. 엄마의 배 속에서 세상에 나온 순간 우리는 수많은 바깥세상의 정보를 받아들인다. 사람과 눈을 마주치고 주변에서 계속 들려오는 소리를 듣고 옹알거린다. 이때 지속적으로 들어오는 자극들은 아이에게 낯설기만 하지만 아이는 점점 세상을 받아들이고 배운다. 그리고 다리에 힘을 싣고 지탱하고 한두 발짝 걷기 시작한다. 몸에 균형을 잡으면서 아장아장 걸음마를 배우고, 달리고, 공을 던질 줄 알게 되고 갈수록 정교한 운동도 가능하게 된다. 점점 자라면서 주변 사물의 이름을 기억하고 사용할 수 있게 된다. 눈으로 들어오는 글자를 익히고 책도 읽는다. 단어와 문장을 이해하게 되면 자신을 보다 정교하게 표현한다. 배가 고프면 울고 안아 주지 않으면 울던 아이가, 배가 고파도 참을 줄 알게 되고 조금 힘들어도 자신을 누를 줄 알게 된다. 세상을 학습하면서 뇌가 점차 발달해 가는 것이다. 물론 발달 시기는 개인차가 있다. 이 기간에는 사회성이나 인성, 자신을 조절하는 능력을 키워 갈 수 있도록 바탕을 마련하는 것이 중요하다.

아동이 점점 성장하면서 급격한 변화를 보이기 시작하는 나이는 바로 사춘기이다. 요즘 흔히 말하는 '중2병'이라고 하는 것이 사춘기를 의미한다. 뇌의 앞쪽에 위치한 전두엽은 사춘기가 시작되는 시기에도 시냅스 생성이 지속된다. 시각피질의 시냅스 수는 학령기 전에 이미 성인의 수준에 도달하는데 전두엽의 발달은 더디게 진행된다. 사춘기를 겪는 청소년의 전두엽에서는 시냅스가 여전히 생산되고 솎아 내기가 제대로 이루어지지 않아 이 시기에 행동이 미숙하고 인지 기능 또한 정체를 보이기도 한다. 일례로 전두엽 회색질의 부피는 사춘기 때 절정에 달했다가 사춘기가 지나면서 줄어들고 백질의 부피는 늘어난다. 백질의 부피가 늘어난다는 의미는 신경회로가 모습을 갖추어 가기 때문이다. 사춘기 동안 다소 둔화된 전두피질의 발달은 이후 청소년기 동안 빠르게 진행된다.

사춘기에 있는 아이들은 제2차 성징을 겪으며 심리적으로 예민하고 쉽게 짜증을 내고 자의식이 강해진다. 이러한 변화를 겪는 청소년의 행동은 말 그대로 질풍노도와 같다. 어릴 때는 부모 말을 잘 듣던 아이들이 반항하기 시작한다. 왠지 기분도 나쁘다. 짜증도 나고 화도 난다. 자신의 미래에 대해 고민이 되기도 하고 우울하다. 주변의 말들이 다 쓸데없는 소리로 들린다. 사춘기는 신체적 변화만 오는 것이 아니라 뇌에도 변화가 많은 시기이다. 신체는 어른 같지만 뇌는 변화의 소용돌이에 휘말려 있다.

이런 시기에 우리 청소년들은 학교에서 야간학습을 하고 대학을 가기 위해 죽어라 공부만 해야 한다. 시험을 잘 치르고 대학에 들어가는 일 외에는 다른 생각을 하지 말아야 할 듯하다. 앞으로 무엇을 하고 어떻게 살아야 하는지에 대한 생각은 대학 입학 이후로 다 미루어 두었다. 사회생활의 어려움은 학교라는 장을 벗어나게 되면 피부에 깊숙이 와닿게 된다. 막상 사회로 발을 디뎌야 할 때는 자신이 무엇을 잘할 수 있고 좋아하는지 선명하게 보이지 않는다. 사춘기를 벗어나면 청소년은 청년이 되고 장년을 훌쩍 넘기게 된다. 시간은 머무는 듯해도 생각보다 빨리 지나간다. 청소년 시기에 자신의 존재와 미래의 직업 그리고 사회와 삶에 대한 생각을 정립하는 교육이 절실하게 필요하다.

마지막으로 뇌의 특징적인 시기는 노년기이다. 기억도 가물가물하고, 몸도 예전 같지 않고 모든 것이 더디다. 귀도 멍멍하고 눈도 침침하다. 했던 말도 또 하고 자꾸 반복한다. 감각기능의 변화로 주변에서 받아들이는 정보를 지각하는 능력이 저하된다. 주의도 쉽게 분산된다. 젊었을 때와 달리 반응 속도가 느려지고, 인지 처리 속도도 떨어진다. 작업기억력과 억제 능력도 예전 같지 않다. 젊은이들은 몇 가지 일을 후다닥 한꺼번에 해치우는데, 노인은 여러 가지 일이 섞이게 되면 이것이 저것인지, 저것이 이것인지, 도대체 어떻게 해야 할지 난감하다.

노화가 일어나면 신경학적 변화가 일어난다. 노화의 정도는 개인차가 있지만 도파민, 노르아드레날린, 세로토닌과 같은 신경전달물질의 분비 수준에 변화가 오고 전전두엽의 볼륨이 줄어든다. 시냅스의 밀도가 낮아져 해마의 회백질 볼륨에도 변화가 온다. 백질을 통한 신경의 연결성도 달라진다. 치매, 파킨슨병과 같은 병에 걸릴 가능성도 높아진다. 노인이 되면 같은 정보를 받아들이고 같은 일을 하더라도 뇌활성화 패턴이 젊은이와 다르게 된다.[1] 이러한 현상이 나타나는 것은 감각기능, 기억력, 속도 등이 떨어지는 상태에서 받아들인 세상의 자극들을 보다 더 잘 처리하기 위해서 뇌 속에 있는 여러 가지 자원들을 이용하는 방법상의 변화가 왔기 때문일 가능성이 있다.

그런데 흥미로운 사실은 노인은 긍정적이라는 것이다. 주변 상황과 일어나는 사건을 더 긍정적인 시각으로 바라본다. 노인들의 기억력은 긍정적인 감정에 편향되어 나타난다.[2] 젊은이와 중년 그리고 노인 그룹의 피험자에게 긍정적 감정, 부정적 감정을 유발하는 사진과 감정을 유발하지 않은 사진을 보여 준 다음 회상하게 하는 실험이 있다([그림 11-1] 참조). 노인들의 전반적인 기억 기능은 젊은 사람들보다는 감퇴되었지만 부정적 감정을 자아내는 사진보다는 행복한 감정을 느끼게 하는 사진을 훨씬 많이 기억했다. 반면, 젊은이는 긍정적이든 부정적이든 두 조건에서 기억력의 차이를 보이지 않았다. 노인의 경우 부정적인 표정을 띤 얼굴을 볼 때 젊은 사람들보다 정서에 반응하는 편도체(amygdala)가 덜 발화하고, 대신 갈등을 모니터링하고 억제하는 기능과 관련이 있는 대상회(anterior cingulate)가 더 관여한다. 이러한 긍정 편향성은 신체적·인지적인 감퇴와 함께 상실을 겪어야 하는 노인의 기분을 바닥으로 떨어뜨리지 않고 상승시키는 효과를 가져올지도 모른다. 인간이 환경에 적응하고 살아가도록 뇌가 끊임없이 변화하고 적응한다는 사실에 감탄을 금할 수 없다.

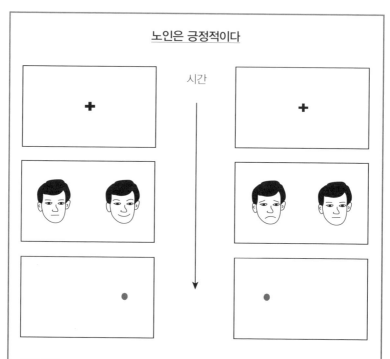

노인은 긍정적이다

시간

실험 절차

시선 고정점이 나타난 후 무표정의 얼굴과 감정(행복 또는 슬픔과 분노)을 실은 얼굴이
1초 동안 동시에 나타났다 사라졌다. 그리고 얼굴이 나타났던 자리 중 좌우 한 공간에 회
색 점이 나타나면 각각 52명의 평균 70세 이상 노인 그룹과 평균 25세 젊은이 그룹은 점
이 어느 공간에 나타났는지 반응해야 했다.

실험 결과

행복한 표정을 띤 얼굴이 나타난 자리에 회색 점이 제시되면 노인들은 무표정한 얼굴이
나타났을 때보다 훨씬 빨리 반응하였다. 반면, 부정적 표정을 띤 얼굴이 나타난 공간에
회색 점이 제시되면 무표정한 경우보다 반응이 오히려 느려졌다. 노인들의 주의력은 감
정에 편향되었다. 하지만 젊은이들의 경우 이러한 주의력 편향은 나타나지 않았다.[2]

그림 11-1

참고자료

1. Hedden, T., & Gabrieli, D. E. (2004). Insights into the ageing mind: A view from cognitive neuroscience. *Nature Reviews of Neuroscience, 5*, 87-96. doi: 10.1038/nrn1323

2. Mather, M., & Carstensen, L. L. (2003). Aging and attentional biases for emotional faces. *Psychological Science, 14*(5), 409-415. doi: 10.1111/1467-9280.01455

12. 뇌 발달에 결정적(혹은 민감한) 시기가 있을까?

신경회로가 엮어지면서 자리를 잡아 가기 전에는 아동의 뇌는 성인들보다 훨씬 융통성 있고 탄력적으로 변할 가능성이 크다. 성인이 되기 전에 신경세포와 과잉생성된 시냅스가 솎아지는 과정을 거치기 때문에 신경회로가 형성되는 동안 뇌는 경험에 의해 엄청난 변화를 겪는다. 그런데 뇌에는 결정적(혹은 민감한) 시기가 있다고 알려져 있다.

뇌 발달이 진행되면서 일정 기간 뇌가 자극을 처리할 수 있는 과정을 제대로 거치지 못하면 일생 동안 영향을 받게 된다. 예를 들면, 새끼 고양이의 한쪽 눈을 출생 후 30~60일 사이에 가려 버린 다음 3개월 후 조사를 해 보니 새끼 고양이의 피질 조직화 과정에 심각한 타격을 입었다. 이미 다 성장한 고양이는 눈을 가리더라도 영향을 받지 않는다. 결국 새끼 고양이의 시각이 발달하는 데 결정적 시기가 있다

는 것이다.[1]

시각과 관련하여 결정적 시기가 무엇인지 잘 알려 주는 사례가 있다. 마흔을 넘긴 MM은 만 3세 반경에 시력을 잃었다. 그리고 나이 마흔이 넘어 각막 수술과 줄기세포 이식으로 앞을 볼 수 있게 되었다. 텔레비전 드라마에서 보면 이런 경우 붕대를 풀면서 의사 선생님의 얼굴이 희미하게 보이다가 점점 선명해지고 가족들의 얼굴이 모두 보이면서 기쁨의 환성을 지른다. 그런데 실제 상황은 그렇지 않다. MM은 40년 동안 앞을 보지 못하고 살았다. 40년 동안 MM의 뇌는 시각 자극을 받아들이고 처리하는 발달 시기를 놓쳐 버렸다. 중년이 된 MM의 시각피질은 시각 정보가 아닌 다른 자극을 처리하도록 신경회로가 이미 형성되어 버린 것이다. 수술로 갑자기 눈이 보인다고 할지라도 시각피질이 금방 정상인처럼 반응하지 않는다. 수술 후 눈으로 들어오는 세상은 오히려 엉망진창 뒤죽박죽이었다. 단순한 형태는 지각할 수 있지만 3차원 이미지나 사물, 사람의 얼굴 표정이나 성별은 구별하기 어려웠다. MM은 시각 정보를 제대로 처리하기 위해 훈련을 지속적으로 받아야 했지만 여전히 보는 데 어려움을 겪었다. 비록 마흔이 넘어 시력을 찾게 되었지만 시각이 제대로 발달할 수 있는 시기를 놓쳐 버렸기 때문에 시각 정보를 지각하고 분석하는 데 정상인의 수준으로 올라오기는 힘들었던 것이다.[2]

앞의 사례에서 알 수 있듯이 뇌에는 결정적이고 민감한 시기가 분명히 있다. 하지만 이것이 상업적으로 이용될 때는 뇌의 결정적 시기를 지나치게 강조한다. 뇌 발달의 결정적 시기를 놓쳐 버리면 아이들이 성장할수록 학습에 문제가 생기거나 따라잡을 수 없다고 유혹한다. 또한 신경회로가 어릴 때 형성되기 때문에 어릴수록 빨리 교육을 시켜야 한다고 잘못된 방향의 조기교육을 주장하기도 하고, 신경회로가 형성될 때 공부와 관련한 자극을 많이 주어 뇌가 더 발달하도록 만들어야 된다고 말한다. 영아기부터 공부를 시작하면 성장할수록 학습이 더 쉽게 이루어질 수 있다고 선전한다. 부모들은 아이들의 교육과 관련되면 민감해지고 귀가 솔깃해진다. 아이의 머리가 더 좋아질 것이라 믿으면서 언어가 완성되기 전인 유아기 때부터 제2외국어를 들려주고 숫자를 가르치기도 한다. 또한 아이들이 풍성한 경험을 하도록 환경을 조성해 주려고 애쓰고 풍성한 자극이 공부라고 잘못 생각한다. 뇌 발달을 잘못 이해하고 해석하고 적용하여 뇌가 건강하게 자라는 데 오히려 방해가 된다.

2017년 1월에 신문에 난 기사이다. 육아정책연구소의 조사에 따르면 만 5세 아동의 80% 이상, 만 2세 아동의 30% 이상이 사교육을 받는다고 한다. 만 5세 아동의 경우 국어, 영어, 과학, 수학, 예체능 등 다양한 영역에서 사교육을 받는다. 심지어 2세 아동들도 국어, 수학, 과학, 영어에 대해 사교육을 받는 실정이다. 아이들은 나이에 맞는 교육이 있다. 놀이로 세상을 알고 경험해야 할 나이에 일찍부터 공부의 세계로 떠밀려 들어간다. 부모들은 이러한 학습이 자신의 아이들의 뇌 발달을 위해 적절하다고 생각할지도 모른다.

어릴 때 지나친 조기교육은 아이의 정서에 부정적 영향을 미칠 수 있다. 아이들이 부모의 뜻대로 잘 따라와 주면 좋겠지만 너무 어릴 때부터 학습에 초점을 두면 골고루 발달할 기회를 놓쳐 버린다. 발달이 한쪽으로 편중된다. 그래서 머리로는 아는데 실생활에 대해서는

'전혀 모르는 사람'으로 성장한다. 지식과 행동이 연합하고 학습하는 과정을 거치지 못했기 때문에 오히려 얕은 지식으로 그칠 수 있다. 아이들은 뛰어놀면서 사회를 배우고 세상을 배우고 자신을 알아 간다. 그리고 놀이를 통해 자신을 표현한다. 유아기부터 자신을 표현하고 조절하는 능력은 성인이 되어서도 영향을 미친다. 결정적 시기를 놓치지 않기 위해서 조기교육을 해야 되는 것이 아니라 제대로 발달하고 세상을 살아 나갈 수 있도록 어릴 때 사회성과 인성 교육이 더 우선되어야 한다. 유아기 때 이런 교육을 받지 못하게 되면 코앞의 미래 때문에 우리가 걸어가야 할 먼 미래를 잃어버리게 된다. 이것이 바로 결정적 시기를 놓치게 되는 것이다.

참고자료

1. Hubel, D. H., & Wiesel, T. N. (1970). The period of susceptibility to the physiological effects of unilateral eye closure in kittens. *Journal of Physiology, 206*, 419-436. doi: 10.1113/jphysiol.1970.sp009022

2. Fine, I., Wade, A. R., Brewer, A. A., May, M. G., Goodman, D. F., Boynton, G. M., Wandell, B. A., & MacLeod, D. I. A. (2003). Long-term deprivation affects visual perception and cortex. *Nature Neuroscience, 6*(9), 915-916. doi: 10.1038/nn1102

13. 노인의 뇌도 변할까?

많은 사람이 뇌는 어느 정도 성장하면 멈춰 버린다고 믿는다. 그래서 배움도 때가 있다고 생각한다. 발달적인 측면에서는 아주 틀린 말은 아니다. 뇌 발달은 청년기 이후에 둔화된다. 발달이 둔화되었다고 해서 뇌가소성이 일어나지 않는다는 뜻은 아니다. 가소성에 의한 변화는 일생 동안 계속된다. 어린이나 청소년들의 뇌가 노인에 비해 훨씬 탄력적으로 변하는 것은 사실이다. 하지만 노인의 뇌도 학습이 끝나고 멈추는 것이 아니라 지속적으로 변한다.

2004년에 독일 과학자들이 『네이처(Nature)』에 발표한 논문에 따르면 실험에 참가한 평균 22세의 젊은 성인 24명이 3개월 동안 저글링 연습을 규칙적으로 하였더니 뇌에 구조적 변화가 일어났다.[1] 양측 중간측두엽(mid-temporal lobe)에서 활성화되는 회백질이 확장되고 우측 마루엽속고랑(intraparietal sulcus)의 발화 패턴에도 변화가 왔다.

연습을 중단하게 되면 이러한 변화들이 점점 사라진다. 이 경우 노인의 뇌도 변할까? 3개월 동안 저글링을 할 줄 모르는 평균 60세 노인들에게 저글링을 가르쳤다. 그리고 뇌영상촬영을 3번에 걸쳐 했다. 저글링을 가르치기 전, 3개월 동안 연습한 다음, 그리고 연습을 중단하고 3개월 후에 다시 했다. 노인들은 젊은이들의 실력에 못 미쳤지만 연습을 통해 점점 능숙해졌고, 실험에 참가한 노인의 23% 정도가 능숙한 수준에 도달했다. 이렇게 저글링에 능숙해진 60세 노인들의 뇌도 변했다. 젊은이들과 같은 영역에서도 변화가 왔을 뿐만 아니라 측중격핵(nucleus accumbens)과 해마(hippocampus)의 회색질도 증가하였다.[2]

운동이 노화를 늦추는 데 효과가 있다는 증거는 넘쳐 난다. 운동은 인지기능을 높이는 데 기여하기 때문에 남녀노소 불문하고 누구에게나 다 좋다. 노인도 에어로빅과 같은 운동을 하면 해마의 볼륨이 증가하고 공간기억력이 향상된다는 연구 결과가 있다. 평균 67세에 이르는 성인 120명을 에어로빅식 걷기 그룹과 스트레칭과 근력훈련 그룹으로 나누어 1년 동안 지정된 프로그램에 따라 운동을 하게 한 결과, 에어로빅식 걷기를 한 그룹은 해마의 볼륨이 2% 정도 커졌고 공간기억과 관련한 과제에서 수행 능력이 좋아졌다. 반면, 스트레칭과 근력훈련을 한 그룹은 해마의 볼륨은 1.4% 정도 감소한 반면, 공간기억 수행 능력은 향상되었다. 건강한 노인의 해마 볼륨도 해마다 1~2%가량 위축된다고 알려져 있다. 에어로빅식 걷기를 한 그룹은 해마의 볼륨이 증가하는 구조적 변화뿐만 아니라 공간기억력도 향상되는 기능적 변화도 함께 일어난 것이다.[3]

노화가 일어나면 뇌기능이 젊은이들보다 감퇴하는 것은 사실이다. 노화된 뇌는 젊은 시절로 다시 돌아갈 수 없지만 건강하게 유지할 수 있다. 노인의 뇌도 변한다는 뇌가소성의 법칙에 따라 열심히 운동하고 건강에 좋은 음식을 섭취하고 주변 사람들과 좋은 만남을 가지면서 치매와 같은 노인성 뇌질환의 위험성을 낮추기 위해 노력한다면, 뇌는 더욱 건강하게 나이가 들어 갈 것이다.

참고자료

1. Draganski, B., Gaser, C., Busch, V., Schuierer, G., Bogdahn, U., & May, A. (2004). Changes in grey matter induced by training. *Nature, 427*, 311-312. doi: 10.1038/427311a

2. Boyke, J., Driemeyer, J., Gaser, C., Büchel, C., & May, A. (2008). Training-induced brain structure changes in the elderly. *The Journal of Neuroscience, 28*(28), 7031-7035. doi: 10.1523/JNEUROSCI.0742-08.2-08

3. Erickson, K. I., Voss., M. W., Prakash, R. S., Basak, C., Szabo, A., Chaddock, L., … Kramer, A. F. (2010). Exercise training increases size of hippocampus and improve memory. *Proceedings of the National Academy of Sciences, 108*(7), 3017-3022. doi: 10.1073/pnas.1015950108

뇌가소성의 예

뇌는 우리가 어떤 경험을 하느냐에 따라 변한다. 하지만 그 변화는 영원하지 않다. 또한 적당히 습득한 기술로 인한 변화는 금방 제자리로 돌아온다. 기술이나 경험이 어느 수준에 이르도록 애써야 변화가 안정된 상태로 오래 지속될 수 있다.

그림 13-1

Part 3

뇌에서 일어나는
정신 활동: 인지

14. 인지는 무엇일까?

　뇌에 대해서 이야기를 나누다 보면 사람들이 불쑥 "인지(cognition)가 무엇입니까?"라고 질문을 한다. "인지는 공부를 말하는 것이 아니에요?"라고 하시는 분들도 많다. 사람들은 흔히 인지는 학습(공부)과 관련된 것이라고만 생각한다. 학교나 기타 교육기관에서 배우고 공부하는 것을 주로 학습이라 칭하기 때문에 우리가 세상을 경험하면서 지속적으로 얻게 되는 지식을 '학습'이라는 단어에서 분리시키는 경향이 있다. 하지만 인지신경과학에서 말하는 학습은 공부하면서 배우는 것만을 의미하는 것이 아니다. '인지'적 관점에서 말하는 학습은 경험까지를 포함하는 넓은 개념이다.

　인지는 세상으로부터 정보를 받아들이고 처리하고 유지하고 학습하는 정신 활동과 관련한다. 즉, '앎'에 관여하는 정신 활동을 말한다. 세상에서 들어온 정보들이 뇌 안에서 처리되고 정신 활동에 쓰이기 위해서는 신경생리학적 과정을 거쳐야 한다. 이를 통해 정신 활동이 일어난다. 이를 인지 처리 과정이라고 부른다. 뇌는 앎의 활동 또는 처리 과정이 일어나는 장소이고 인지는 바로 그러한 정신 활동을 의미한다. 인지기능을 세분화하면 언어, 주의, 기억, 의사결정, 문제 해결 등 다양한 영역들이 있다. 이러한 인지기능을 고려하면 공부와 떼려야 뗄 수 없는 관계라고 누구나 생각할 것이다. 맞다. 하지만 앞에 언급한 기능들은 공부뿐만 아니라 우리가 일상생활을 해 가는 과정에서도 끊임없이 일어난다. 밖에서 뛰어놀 때도 일어난다. 심지어 잠잘 때도 우리가 의식할 수 없지만 기억이 공고화(consolidation; 혹은 응고화)되는 처리가 일어난다. 인간이 정신적인 활동을 할 수 있는 상태에 있는 한 인지기능은 늘 작동한다.

아이들이 놀이터에서 친구를 발견하면 친구의 이름을 부르면서 달려간다. 지각능력, 주의력, 기억력과 같은 인지기능이 제대로 작동하지 않고서 친구를 알아볼 수 없다. 우리는 매일 삼시 세끼 밥을 먹는다. 숟가락질과 젓가락질을 할 때도 인지 활동을 한다. 여러분이 수저 사용법을 학습하지 않고서 수저를 어떻게 사용하는지 알 수 없다. 이것은 이미 이유식을 하면서부터 자연스럽게 학습이 되었고 수저 사용은 과잉학습이 되어 자동화된 행동이 되었다. 오늘 떡볶이가 먹고 싶다고 생각하는 행위도, 자동차 색이 무엇인지 인식하는 행위도, 누군가가 날 부르는 소리에 두리번거리면서 찾는 행위도, 짜장면을 먹을까 짬뽕을 먹을까 결정하는 행위도 인지 처리 과정이 개입된다. 이런 예를 고려하더라도 인지는 공부라는 개념을 훨씬 넘어선다.

인지에 대한 진정한 의미가 잘못 통용되는 경우도 많다. 간혹 사람들은 인지 발달을 언어 발달과 따로 생각하기도 한다. 하지만 인지 발달은 언어 발달까지도 포함한다. 인지라는 것은 앎과 관련된 것이기 때문이다. 언어가 앎과 관련이 없다는 것은 상상할 수 없다. 또한 요즘 미디어에서 인지교육이라는 단어를 가끔씩 접하게 되는데 정확히 무엇을 의미하는지 이해가 되지 않는다. 일반 학교에서 배우는 국어, 수학, 영어, 사회, 과학 등을 포함하는 교과 공부라는 뉘앙스가 느껴진다. 인지교육이라는 말이 제대로 쓰이려면 공부라는 의미를 뛰어넘어 사회성교육과 인성교육까지도 다 포함하는, 생각하고 삶을 배우고 살아가는 방법을 함유하는 말이 되어야 한다. 인지 활동은 삶을 형성하는 정신적 처리 과정이기 때문이다. 공부만이 아닌 다양한 삶의 모습이 바로 인지 처리 과정의 산물들이고, 우리의 일상생활 자체가 인지 처리의 결과물이다.

15. 인지와 정서는
서로 분리되어 처리될까?

정서와 인지는 다르다고 생각하는 사람들이 많다. 정서와 인지를 두 개의 독립된 영역으로 취급하는 것이다. 그래서 정서와 관련한 뇌 영역과 인지와 관련한 뇌 영역을 분리하기도 한다. 다른 의견을 가진 학자들은 정서 영역이라고 알려진 뇌 영역에서도 인지 처리 과정이 함께 일어나고, 주된 인지 영역이라고 알려진 부위에서도 정서와 관련한 처리가 일어나기 때문에 인지와 정서는 서로 분리될 수 없다고 주장한다. 정서와 인지는 강하게 연결되어 있어서 독립된 두 영역으로 완전히 분리하기 어렵다는, 서로 떼려야 뗄 수 없다는 것이다. 여기서는 정서와 인지 영역이 서로 독립적이다 혹은 아니다라는 주장에 대한 논점에 주목하기보다는 서로 어떻게 상호작용을 하는지를 알아보는 편이 정서와 인지의 관계를 이해하는 데 도움이 될 것이다.

주의, 기억과 같은 인지기능은 정서에 영향을 받는다. 사람들은 정서와 관련 없는 자극보다 정서와 관련된 자극에 주의가 끌리고 더 잘 기억한다. 부정적인 정서를 담은 정보가 감정이 실리지 않은 정보보다 기억에 잘 각인되고 기억에 오래 남는다. 다음은 미국에서 2008년에 발표된 실험이다. 사람들에게 정서를 불러일으키지 않는 사진과 부정적 정서를 불러일으키는 사진을 보여 주면서 사진의 색깔이나 복잡한 정도를 파악하여 평점을 매기도록 했다. 사람들에게 주어진 과제는 색깔과 복잡성에 국한되었다. 그런 다음 5분 후, 또 24시간 이후 새로운 사진과 기존에 봤던 사진을 보여 주고 얼마나 기억하는지 테스트했다. 5분 후 행해진 기억력 테스트에서는 두 자극 간의 기억력 차이가 거의 없었다. 하지만 24시간이 지난 후에 행해진 테스트에서는 사람들은 정서를 불러일으키는 사진을 그렇지 않은 사진보다 정확하게 더 많이 기억했다.[1] 정서 처리와 관련한 편도체는 해마를 포함한 기억시스템과 인접해 있다. 이 영역들이 연결되어 서로 상호작용한다. 정서와 연관된 자극이 편도체를 활성화시키게 되면 기억에 더 잘 입력되고 출력된다. 그리고 잘 잊히지 않는다. 이 실험에서 피험자들에게 주어진 과제는 색깔과 같은 지각적 판단을 하는 것이지만, 피험자도 의식하지 못하는 사이에 정서적 내용이 기억에 스며든 것이다.

정서가 인지 처리에 영향을 미치기도 하지만 인지도 정서에 영향을 미친다. 일상생활에서 흔히 일어나는 일을 예로 들어 보자. 사람들에게 화를 다스릴 때는 잠시만 멈춰서 다시 생각하라고 조언한다. 10초만 다시 생각하라는 말도 있다. 혹은 행동하기 전에 숨을 고르거나 숨을 크게 여러 번 들이마신 다음 주변을 다시 돌아보라고 한다.

화가 날 때 숨을 고르고 다시 생각하게 되면 화나는 상황에 대한 해석이 달라질 수 있다. 부정적 사진을 보게 될 때와 그것을 재해석하게 될 때 뇌영상촬영을 해 보면 감정 처리와 관련한 뇌활성화에 뚜렷한 변화가 오는 것을 확인할 수 있다. 부정적 사진을 재해석하게 되면 부정적인 감정이 많이 줄어든다. 주관적으로 느끼는 부정적 감정이 재해석되면서 누그러진다. 그래서 감정 처리와 관련한 편도체의 활성화는 줄어들고 인지 조절과 관련한 뇌 영역이 활성화된다.[2] 심리치료에 있어서 부정적인 정서나 공포스러운 경험을 재해석하는 일은 인지적 개입을 유도한다. 부정적 정서의 강도나 빈도를 의식적으로 줄이기 위함이다. 인지행동치료에 사용되는 기법도 심리적인 문제로 인한 고통을 경감시키거나, 부정적인 생각, 습관, 행동 등을 자발적으로 수정할 수 있도록 하기 위해 인지가 의식적으로 작용할 수 있도록 한다.

스스로 감정을 조절하지 못해서 일어나는 범죄가 요즘 신문상에 오르내린다. 이유 없이 지나가는 사람을 폭행하거나 살인으로 이어지는 경우가 과거보다 빈도수가 증가하는 듯하다. 자신의 감정을 누르고 완화시키기 위해서는 인지 조절 능력이 필요한데, 이러한 능력이 부족하면 감정이 폭발하는 순간을 이기지 못한다. 이러한 순간에는 정상적인 사고가 작용하지 않는다. 분노가 폭발하기 전에 인지 조절 능력이 개입되도록 숨을 고르게 되면 감정을 조절할 수 있는 여지가 생긴다. 정서는 우리의 지각 능력뿐만 아니라 주의, 기억과 같은 인지기능이 처리되는 데 영향을 미치고, 인지는 정서를 조절하는 일에 깊이 관여한다. 결국 우리의 삶은 이 두 영역의 깊은 상호작용 없이는 이루어지지 않는다. 인지적 사고 없이 정서만 작용하는 사람도 없고, 감정의 흐름 없이 인지만 작용하는 사람도 없다.

참고자료

1. Sharot, T., & Yonelinas, A. P. (2008). Differential time-dependent effects of emotion on recollective experience and memory for contextual information. *Cognition, 106*, 538-547. doi: 10.1016/j.cognition.2007.03.002

2. Ochsner, K. N., Bunge, S. A., Gross, J. J., & Gabrieli, J. D. E. (2002). Rethinking feelings: An fMRI study of the cognitive regulation of emotion. *Journal of Cognitive Neuroscience, 14*(8), 1215-1229. doi: 10.1162/089892 902760807212

16. 뇌활성화 패턴으로 상대방이 무슨 생각을 하는지 알 수 있을까?

뇌영상촬영 기술의 발달로 뇌가 자극에 반응하여 활성화되는 정도를 시각적으로 표현할 수 있게 되었다. 요즘 인지신경과학에서는 우리가 보고 듣고 말하는 인지 활동을 뇌영상촬영을 통해 연구하는 것이 대세이다. 자극에 따라 뇌의 특정 영역이 발화하는 수준에 관심을 가지기도 하고 뇌구조의 변화를 연구하기도 한다. 또한 우리가 처리하는 세상의 정보와 뇌의 활성화 패턴을 연결하여 우리가 보고 듣는 대상이 뇌에서 어떻게 표현되고 표상(representation)되는지 알아보려는 시도도 한다.

아직까지 뇌활성화만으로 상대방이 무슨 생각을 하고 있는지 알지 못한다. 하지만 이러한 시도를 하는 연구자들이 있다. 이들은 마음을 해독하는 방법(mind decoding)을 연구한다. 대표적인 연구팀이 미국 버클리(Berkeley) 대학교 잭 갤런트(Jack Gallant) 교수가 이

끄는 팀이다. 갤런트 교수는 사람들이 일상적으로 하는 대화 혹은 일상생활에서 일어날 수 있는 일들로 구성된 동영상을 보여 주면서 대화와 동영상 안의 수많은 자극이 뇌에서 어떻게 기능적으로 표현되는지 뇌영상촬영을 통해 분석한다. 뇌에서 부호화(encoding)되는 방법을 제대로 이해하게 되면 보다 잘 해독할 수 있다고 믿는다.[1]

갤런트 교수 연구팀이 시각 자극을 해독한 방법을 간략하게 소개하면 다음과 같다. 사람들이 짧은 동영상으로 이루어진 영화를 2시간가량 보는 동안 뇌영상촬영을 했다. 이때 시각피질에서 일어나는 뇌활성화 데이터를 얻었다. 뇌는 3차원으로 구성되어 있기 때문에 후두—측두 시각피질 영역을 $2×2×2.5mm^3$의 조그만 큐브 모양의 복셀(voxel) 단위로 나누어 각 복셀의 뇌활성화 패턴을 조사했다. 영화 속에서 나타나는 시각적인 자극과 피험자들이 영화를 보는 동안 뇌영상촬영을 통해 얻은 신호를 연결 지어 눈으로 보는 각각의 자극이 시각피질에서 표현(encoding)되는 방법을 수학적인 모델로 세웠다. 그러고 난 다음 앞서 본 영상과 다른 테스트 영상을 피험자들에게 보여 주면서 다시 뇌영상촬영을 했다. 이때 얻는 데이터는 수학적 표현 모델을 이용하여 이미지로 재구성되었다. 바로 피험자가 무엇을 보았는지 해독하는 것이다.[2]

과학 기술의 발달은 상상 이상의 것을 생산한다. 인간의 마음을 해독하는 모델을 만드는 시도는 우리가 공상과학 영화에서 보는 장면이 가능하지 않을까 하는 일말의 두려움도 준다. 뇌활성화 패턴으로 아직 인간의 생각을 자유롭게 해독하지 못하지만 갤런트 교수 연구팀의 시도는 계속되고 있다. 처음에는 동물, 음식, 빌딩 등 정적 이미지를 이용하다가 점차 동영상과 같은 복잡한 시각 이미지를 이용한다. 또한 라디오 드라마와 같이 지속적으로 흘러나오는 청각 자극을 통해 뇌에서 의미가 어떻게 구성되고 표상되는지도 연구한다. 갤런트 교수 연구팀이 하고 있는 일을 보면 '사람들이 무슨 생각을 하는지를 읽을 수 있는 날도 머지않은 것 아닐까?' 하는 의문이 든다.

참고자료

1. Kay, K. N., Naselaris, T., Prenger, R. J., & Gallant, J. L. (2008). Identifying natural images from human brain activity. *Nature, 452*, 352-355. doi:10.1038/nature06713
2. Nishimoto, S., Vu, A. T., Naselaris, T., Benjamini, Y., Yu, B., & Gallant, J. L. (2011). Reconstructing visual experiences from brain activity evoked by natural movies. *Current Biology, 21*, 1641-1646. doi: 10.1016/j.cub.2011.08.031

17. 뇌에서 일어나는 의식과 무의식의 과정을 과학적으로 연구할 수 있을까?

　의식과 무의식에 관해 이야기를 하면 많은 사람은 프로이트(Freud)를 떠올릴 것이다. 프로이트의 이론은 과학적 타당성이 결여되었다는 비판을 받는다. 요즘 인지신경과학자들의 큰 관심거리 중 하나는 의식과 무의식이다. 프로이트의 이론에 과학적 타당성을 입히고자 하는 시도가 아니다. 인지신경과학에서는 의식적으로 또는 무의식적으로 일어나는 인지와 정서를 일반인 혹은 뇌손상 환자에 대한 연구를 통해 또는 뇌영상촬영 기술 등의 과학적 방법을 이용하여 밝히고자 시도한다. 의식과 무의식의 세계는 지극히 주관적인 영역이라고 생각할 수 있다. 하지만 인지신경과학자들에게는 이러한 주관적인 영역을 어떻게 객관적인 과학으로 증명할 수 있는지가 관심거리이다.

　하루 생활을 가만히 생각해 보면 우리가 의식하면서 하는 행동이 과연 얼마나 될지 궁금해진다. 의식하면서 하는 행동보다 무의식적으로 처리되는 정보들이 생각보다 많다. 세상에서 들어오는 정보와 자극을 뇌가 항상 의식하고 알 수 있는 것은 아니다. 우리가 알지 못하는 사이에 잠재적으로 처리(subliminal processing)되기도 한다. 하지만 누군가가 의식적인 처리와 무의식적인 처리가 일어나는 비율이 어느 정도인지 물으면 어떤 뇌과학자도 정확하게, 제대로, 근거를 가지고 대답할 수 없을 것이다.

자극의 의식적·무의식적 처리 과정은 시각을 통해서 가장 많이 연구되었다. 눈으로 들어오는 정보를 의식하지 못하도록 가시성을 조절하여 의식적인 처리 과정에 제약을 가한다. 예를 들어, 가시성을 조절하기 위해 사람들이 시각 자극을 알아채지 못할 정도로 재빨리 나타났다 사라지도록 하거나 시각 자극을 차폐(masking)시키기도 한다. 차폐는 자극이 나타나기 전 혹은 뒤에 다른 이미지를 배치함으로써 자극을 알아채기 어렵게 한다. 하지만 사람의 행동이나 반응은 의식하지 못한 자극에도 영향을 받는다. 예를 들어, 무의식적으로 처리된 정보가 실제 목표 자극과 관련되면 반응이 빨라진다. 점화효과(priming effect)라고 불리는 현상이다.

영국과 프랑스의 인지신경과학자들은 무의식적으로 처리되는 보상이 실제적 행동에 어떤 영향을 미치는지를 연구하기 위해 아주 재미있는 실험을 고안했다.[1] 실험에 참가한 사람들에게 손잡이를 힘 있게 누를수록 돈을 더 많이 벌게 된다고 알려 주었다. 그리고 손잡이를 누르기 전에 1파운드(1,500원 정도) 동전 혹은 1페니(15원 정도) 동전을 제시하며 각 시행마다 얼마의 돈이 걸려 있는지 알려 주었다.

실험 결과, 사람들은 돈을 많이 획득하게 될 때 손잡이를 더 세게 눌렀다. 그것은 당연하다. 15원이 아니라 1,500원을 벌게 된다면 당연히 손잡이를 세게 누를 것이다. 그런데 컴퓨터 화면에 돈이 재빨리 나타났다 사라져 동전의 가치를 의식하지 못할 때도 같은 현상이 나타났다.

의식과 무의식의 처리 과정은 뇌영상촬영을 통해서 확인할 수 있다. 의식하지 못한 시각 자극도 뇌를 활성화시키기 때문이다. 우리가 본 것을 정확하게 의식할 때 뇌의 광범위한 영역이 활성화된다. 의식하는 단계로 처리가 진행되기 때문에 전두엽을 포함한 뇌의 전측 부분까지 활성화된다. 반면, 무의식적으로 처리되는 시각 자극은 뇌의 시각피질과 같은 후측 영역이 활성화된다. 의식하는 경우에 비해 활성화 정도가 약하다.[2] 앞서 소개한 실험에서도 마찬가지로 주어지는 인센티브에 대한 정보가 무의식적으로 처리되더라도 보상과 동기와 관련 있는 뇌 영역이 관여하게 된다. 비록 의식하는 경우처럼 활성화되는 것은 아니지만 얼마를 벌게 될지 무의식적으로 처리되어 이런 현상이 일어나는 것이다.

하루에도 우리는 수많은 결정을 해야 한다. 우리의 의사결정이 항상 의식하는 지식 기반 위에서 이루어지는 것은 아니다. 판단하고 결정해야 하는 순간에 많은 정보가 의식적·무의식적 처리 과정을 거쳐 통합되고 결정에 이른다. 뇌로 들어오는 모든 정보의 처리 과정을 의식해야 한다면 우리의 뇌 용량은 이미 폭발하고 말았을지도 모른다.

참고자료

1. Pessiglione, M., Petrovic, P., Daunizeau, J., Palminteri, S., Dolan, R. J., & Frith, C. D. (2008). Subliminal instrumental conditioning demonstrated in the human brain. *Neuron, 59*, 561-567. doi: 10.1016/j.neuron.2008.07.005

2. Dehaene, S., Changeux, J-P., Naccache, L., Sackur, J., & Sergent, C. (2006). Conscious, preconscious, and subliminal processing: A testable taxonomy. *Trends in Cognitive Sciences, 10*(5), 204-211. doi: 10.1016/j.tics.2006.03.007

18. 인지가 무의식적으로 작용하는 예로 어떤 경우가 있을까?

　뇌손상 환자들의 사례를 살펴보면 인지의 무의식적 처리 과정에 대해 많은 생각을 하게 된다. 두정엽이 손상을 입으면 손상된 뇌의 반대쪽 시공간이나 사물을 잘 인식하지 못하는 경우가 생길 수 있다. 이것이 시각무시증(visual neglect)이라고 불리는 증상이다([그림 18-1] 참조). 특히 우측 두정엽이 손상되었을 때 빈번히 발생한다. 예를 들어, 시각무시증 환자에게 시계를 보여 주고 따라 그릴 것을 요구하면 시계의 반쪽만 그린다.

　1988년에 옥스퍼드(Oxford) 대학교의 마셜(Marshall)과 할리건(Halligan)이라는 두 연구자가 『네이처(Nature)』에 발표한 시각무시증 환자 PS의 사례는 아주 흥미롭다. 49세의 여성 PS는 우뇌손상으로 인해 좌측 공간을 무시하는 무시증을 보였다. 연구자는 PS에게 두 개의 집 그림을 동시에 보여 주면서 같은 집인지 다른 집인지 물었다. 그중

한 집은 왼쪽 부분이 불길에 휩싸여 있었다. 하지만 PS는 두 집이 동일하다고 판단하였다. 이때 그녀에게 살고 싶은 집은 어느 쪽인지 질문하였더니 PS는 같은 집을 보여 주고 그런 질문을 하는 것이 우습다는 반응을 보였다. 연구자들이 지속적으로 고를 것을 강요했더니 PS는 대부분 불길에 휩싸이지 않는 정상적인 집을 택했다. 불이 난 집을 의식하지 못했지만 뇌에서 무의식적으로 처리된 것이다. 반면, 불길이 오른쪽에 나타날 경우, PS는 두 그림의 차이를 금방 인식했다.[1]

사람의 뇌에는 방추얼굴 영역(Fusiform Face Area: FFA)이라고 불리는 곳이 있다. 이 영역은 특히 얼굴에 민감하게 반응한다. 얼굴을 보면 집을 볼 때보다 이 영역이 훨씬 더 활성화된다. 대신 집 그림을 보면 뇌 영역 중 해마곁장소 영역(Parahippocampal Place Area: PPA)이라는 곳이 더 활성화된다. 이들 영역은 뇌가 어떻게 선택적으로 정보를 처리하는지를 연구하는 데 많이 이용되고 언급된다. 뇌의 특정 영역이 얼굴과 집과 같은 특정한 자극에 민감하게 반응하기 때문에 정보의 처리 과정을 상대적으로 쉽게 비교할 수 있다. 그래서 인지신경과학 실험에서는 이러한 자극을 자주 사용한다.

런던(London) 대학교 존 드라이버(Jon Driver)를 비롯한 영국의 인지신경과학자들이 뇌에서 일어나는 무의식적 처리 과정을 밝히기 위해 시각소멸증 환자를 대상으로 얼굴과 집 그림을 이용하여 뇌영상촬영을 했다.[2] 시각소멸증(visual extinction)은 시각무시증과 달리 양측 공간에 여러 개의 자극이 동시에 나타날 때 손상된 뇌의 반대쪽 공간에 나타난 자극을 무시하는 증상이 발생한다. 예를 들어, 시각소멸증 환자에게 좌우측 공간에 얼굴과 집 그림을 동시에 보여 주면 손상된 뇌의 반대편 공간에 나타나는 자극을 빈번히 놓친다. 하지만 얼굴이나 집이 각각 따로 보여 주면 이러한 증상이 현저히 줄어든다 ([그림 18-1] 참조).

68세의 남성 GK는 우측 두정엽이 손상되었고 좌측 시각소멸증 증상을 보였다. 좌측 공간에 얼굴, 우측 공간에 집 그림이 동시에 제시되었을 때 GK는 얼굴을 인식하지 못했다. 이때 얼굴에 반응하는 방추얼굴 영역이 활성화되지 않을 것이라 예상할 수 있지만, 뇌영상촬영 결과 이 영역이 활성화되었다. GK의 우측 방추얼굴 영역이 반응했다는 사실은 얼굴 정보가 뇌에 잠재적으로 처리된 것을 암시한다. 우리는 뇌로 들어오는 정보를 의식할 수도, 의식하지 못할 수도 있다. 시각무시증과 시각소멸증 환자의 예는 의식하지 못한 정보도 무의식적으로 처리되어 반응과 행동에 영향을 미칠 수 있다는 사실을 보여 준다.

참고자료

1. Marshall, J. C., & Halligan, P. W. (1988). Blightsight and insight in visuo-spatial neglect. *Nature, 336*(22/29), 766-767. doi: 1038/336766a0
2. Driver, J., Vuilleumier, P., Eimer, M., & Rees, G. (2001). Functional magnetic resonance imaging and evoked potential correlates of conscious and unconscious vision in parietal extinction patients. *NeuroImage, 14*, S68-S75. doi:10.1006/nimg.2001.0842

시각무시증(visual neglect)

시각무시증은 손상된 뇌영역의 반대쪽 공간이나 사물을 잘 인식하지 못한다. 위의 그림은 우측 두정엽이 손상된 환자의 사례이다. 좌측 시각무시증 환자는 따라 그리기 과제에서 좌측 부분을 무시하고 우측 부분만 그린다.

선의 중심을 찾아 이등분하는 과제에서는 이등분 선이 우측으로 치우친다.

시각소멸증(visual extinction)

시각소멸증 환자는 두 개 이상의 자극이 동시에 나타날 때 손상된 뇌 영역의 반대쪽에 위치하는 자극은 인식하지 못하는 경향이 있다. 하지만 자극이 좌우 공간에 따로 제시될 때 이러한 증상은 줄어든다.

그림 18-1

Part 4

인지 이야기:
감각과 지각

19. 두 눈이 정상이면 시지각은 저절로 발달할까?

　'인간의 뇌는 과연 타고난 것인가 아니면 길러지는 것인가'는 많은 사람에게 논쟁거리이다. 이 논쟁에 자주 등장하는 실험이 있다. 미국 MIT 대학교의 헬드(Held)와 헤인(Hein) 교수가 1963년에 발표한 실험이다.[1] 이 실험 결과를 보면 '두 눈이 정상이면 시지각 기능이 정상적으로 발달할 것이다.'라는 막연한 믿음에 의문을 품게 된다.

　헬드와 헤인 교수는 갓 태어난 고양이를 어둠 속에서 자라게 했다. 고양이가 자라서 걸을 수 있게 되었을 때 특별한 회전식 장치 안에 고양이 두 마리를 함께 넣었다([그림 19-1] 참조). 두 마리의 고양이는 장치에 몸이 묶여 있었지만 그중 한 마리는 다리를 마음대로 움직일 수 있었다. 다른 한 마리는 수레에 태워져 스스로 움직이지 못하고 상대 고양이의 움직임에 따라 움직였다. 능동적으로 움직일 수 있는 고양이는 회전 장치 내에서 자신만의 스피드로 앞으로 뒤로 걷고 뛰면서 회전할 수도 있고 기둥 쪽으로 움직일 수도 있고 바깥쪽을 향해 갈 수도 있다. 다른 고양이는 비록 수동적으로 움직이지만 두 마리 고양이가 같이 묶여 있기 때문에 능동적으로 움직이는 고양이와 운동 궤적은 똑같았다. 그리고 고양이들은 회전식 장치 벽면에 그려진 똑같은 무늬를 보았다. 단지 차이점은 스스로 자신의 움직임을 조절할 수 있는지 여부였다.

실험 결과, 고양이의 시지각 능력은 놀랍게도 달랐다. 고양이가 회전 장치 안에서 나와 일상적인 환경 속으로 돌아왔을 때 시각 정보를 지각하고 거기에 맞게 반응해야 하는데, 스스로 움직임을 만들어 낼 수 없었던 고양이는 이러한 능력이 제대로 발달하지 못했다. 만약 시지각기능이 타고난 것이라 저절로 발달한다면, 두 마리의 고양이는 같은 무늬를 보았고 같이 움직였기 때문에 두 마리 모두 시지각 기능이 똑같이 발달해야 한다. 하지만 스스로 움직임을 조절할 수 있었던 고양이의 시지각 능력은 정상적인 고양이와 다름없었지만 수동적으로 움직였던 고양이는 그렇지 못했다. 눈을 통해 세상의 정보를 받아 제대로 지각하고 반응하기 위해서는 스스로 몸을 움직이면서 시각 자극과 상호작용하는 것이 필수적인 것이다.

바깥세상의 감각 정보는 우리의 신체로 들어온다. 신체는 감각 정보를 받아들여 뇌로 보낸다. 뇌는 들어오는 정보를 파악하고 해석할 수 있어야 한다. 바로 지각 기능이다. 지각 기능은 감각 정보와 지속적으로 상호작용한다. 이 기능이 발달하면서 우리는 바깥 환경을 머릿속에 담고, 이해할 수 있게 된다. 앞의 실험 결과를 보면 시지각 능력은 가만히 있어도 저절로 발달되지 않는다는 사실을 알 수 있다.

헬드(Held)와 헤인(Hein) 교수의 실험 장치

두 마리의 고양이가 원통 안에서 도는 모습이다. 실험 장치 안의 고양이는 함께 움직이고 같은 패턴의 그림을 보도록 설계되어 있다. 네 다리로 움직일 수 있는 고양이는 묶여 있지만 앞으로, 옆으로, 혹은 뒤로 걷거나 뛸 수 있다. 반면, 수레를 탄 고양이는 자신의 발을 사용하지 못하고 다른 고양이가 움직이는 대로 수동적으로 움직이도록 장치되어 있다. 두 마리의 고양이가 같은 것을 보고 같이 움직인다 할지라도 스스로 움직이면서 패턴을 지각한 고양이와 그렇지 않은 고양이의 시지각 발달은 차이가 난다.[1, 2]

그림 19-1

우리는 자라면서 기고 걷고 구르고 넘어지고 뛴다. 잡고 던지기도 한다. 이 과정에서 뇌로 들어오는 시각 정보를 파악하고 거기에 맞게 반응하도록 훈련된다. 우리 몸은 들어오는 감각 정보에 따라 움직임이 달라질 수 있다. 또한 똑같은 감각 정보라도 신체 움직임에 따라 지각기능은 이를 달리 받아들이고 해석할 수도 있다. 결과적으로 정보를 지각하고 반응하는 능력이 제대로 발달하기 위해서는 능동적인 신체의 움직임과 감각 자극의 상호작용이 필요한 것이다. 가만히 앉

아 있는데 알아서 먹여 주고, 알아서 밀어 주고, 알아서 가르쳐 준다
고 발달하는 것은 아니다.

참고자료

1. Held, R., & Hein, A. (1963). Movement-produced stimulation in the development of visually guided behavior. *Journal of Comparative and physiological Psychology, 56*(5), 872-876.
2. Held, R. (1965). Plasticity in sensory-motor systems. *Scientific American, 213*(5), 84-94.

20. 뇌는 세상을 있는 그대로
보지 않는다는 것이 사실일까?

　우리는 눈을 통해 세상을 있는 그대로 본다고 믿고 있다. 하지만 세상의 정보를 사진 찍듯이 뇌로 보내고, 있는 그대로 정보를 분석하는 것은 아니다. 대표적인 예가 바로 착시이다. 인지신경과학자들은 착시를 이용하여 시각체계를 연구하고, 시각 디자이너들은 착시를 디자인에 응용한다. 또한 자동차의 속도를 줄여 사고의 가능성을 낮추는 데도 착시를 이용한다. 착시의 종류는 다양하다. 구글 이미지에 들어가 '착시'를 검색하면 많은 종류의 그림이 나온다. 가만히 있는 원판 그림이 도는 듯하고, 2차원 이미지가 3차원처럼 보이기도 하고, 똑같은 크기의 그림임에도 크기가 다르게 보이기도 한다. 뇌는 분명한 선이 없어도 가장자리 선이 있다고 느끼고, 현실에서 일어날 수 없는 형태를 지닌 불가능한 도형을 실제 가능한 도형으로 느끼기도 한다. 심지어 감각기관이 특정 자극에 길들여지게 되면 자극이 사라져

도 있는 듯이 지각한다.[1]

뇌는 2차원 이미지를 3차원으로 구축하기도 한다. 이 과정에서도 착시가 일어난다. 또한 감각 자극이 뇌에 입력된 뒤 뇌가 그것을 해독하는 과정에서 착시가 발생하기도 한다. 예를 들어, 뇌는 감각 뉴런의 감수 영역(receptive field)으로 들어온 정보를 곧이곧대로 각각 하나씩 해석하는 것이 아니라 주변 정보들과 통합하여 해석한다. 이 과정에서 착시가 발생할 수 있다는 것이다. 결국 세상의 자극이 뇌에 입력될 때 착시가 일어나기보다는 입력된 정보가 분해되고 다시 결합되어 해석되는 과정에서 발생한다고 알려져 있다.[2] 하지만 착시가 일어나는 원인이 모두 밝혀진 것은 아니다. 오히려 원인이 밝혀지지 않은 착시현상이 더 많다. 시각에서 일어나는 착각을 착시라고 하지만, 착각은 청각, 촉각과 같은 다른 감각에서도 일어날 수 있다.

우리 얼굴에 있는 눈의 위치를 살펴보면 두 눈의 위치가 다르다. 두 눈 사이에는 약간의 거리가 있다. 그래서 각 눈에 들어오는 세상의 이미지는 조금 차이가 있다. 왼쪽 눈이 보는 공간과 오른쪽 눈이 보는 공간이 100% 정확하게 일치하는 것은 아니다. 좌측 시야에 있는 정보는 우뇌로 흘러가고 우측 시야의 정보는 좌뇌로 흘러간다. 그래서 우뇌를 다치게 되면 좌측 시야 정보를 제대로 인식하지 못하는 시각무시증이 발생할 수 있다. 양쪽 눈이 받아들이는 정보의 차이는 우리의 시지각 체계에 중대한 결과를 가지고 온다. 뇌는 두 눈으로 정보를 받아들이고 나름대로 해석한다. 왼쪽으로 들어온 정보는 왼쪽대로, 오른쪽 눈으로 들어온 정보는 오른쪽대로 각각 따로 해석된다면 뇌는 양측 정보 사이에 혼란을 겪을 수밖에 없다. 각각의 눈으로 들어오는 정보는 통합되고 해석되는 과정에서 실제 눈으로 들어온 정보와 달라질 수 있다.

착시가 일어나는 원인으로 사람들은 간혹 감각기관이 불완전하기 때문에 이러한 현상이 일어난다고 말들 한다. 하지만 불완전하다고 말하기에는 석연치 않다. 역설적으로 인간이 지닌 생물학적 체계와 주어진 환경에서 뇌가 가장 최적화된 방법으로 세상의 정보를 받아들이고 해석하기 때문에 일어날지도 모른다. 눈으로 100% 확신할 수 있을 정도로 크기가 달라 보이는 사물 두 개를 실제로 재어 봤을 때 크기가 같다는 사실을 확인하게 되면 도저히 믿기지 않는다([그림 20-1] 참조). 얼토당토아니하게 느껴지는 착시현상은 심지어 철학적인 생각마저 들게 한다. '우리 주변의 모든 것이 착시일까?' '지금 보는 세계는 무엇이 사실이고 무엇이 아닐까?' '플라톤의 동굴 비유처럼 과연 인간은 동굴 속의 그림자를 보고 사는 것일까?' 답은 모르지만 질문은 머리에 오래 남는다.

참고자료

1. Eagleman, D. M. (2001). Visual illusions and neurobiology. *Nature Reviews of Neuroscience, 2*, 920-926. doi: 10.1038/35104092

2. Jazayeri, M., & Movshon, A. (2007). A new perceptual illusion reveals mechanisms of sensory decoding. *Nature, 446*, 912-915. doi: 10.1038/nature05739

착시의 예

A   B

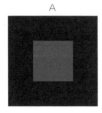   

A와 B는 배경색을 제외한 모든 조건이 같다. 하지만 배경 색깔에 따라 내부의 작은 사각형의 밝기는 서로 달라 보인다.

왼쪽은 헤르만 격자(Hermann grid)이다.
그림을 보고 있으면 격자 무늬 사이에 점들이
나타났다 사라진다.

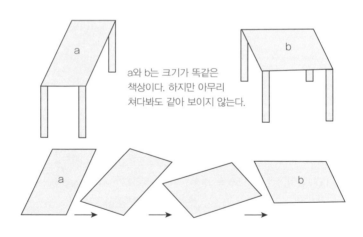

a와 b는 크기가 똑같은
책상이다. 하지만 아무리
쳐다봐도 같아 보이지 않는다.

a 도형을 돌려 보면 b와 같다. 같은 크기의 도형임에도 전혀 달라 보인다. 도저히 믿기지 않는다면 종이를 오려서 대조해 보면 정확하게 알 수 있다.

그림 20-1

21. 양쪽 눈에 다른 그림을 동시에 보여 주면 뇌는 어떻게 인식할까?

　왼쪽 눈에 얼굴, 오른쪽 눈에 집 그림을 보여 주면 뇌는 어떻게 인식할까? 뇌는 얼굴과 집을 동시에 볼 수 있을까? 이 질문을 하면 많은 사람들이 두 사물이 겹쳐서 보일 것이라 예상한다.

　1838년에 영국 과학자 찰스 윗스톤(Charles Wheatstone) 경이 입체시각을 연구하기 위해 특별한 도구를 제작하였다. [그림 21-1]에서 보는 것과 같이 왼쪽에 있는 그림이 왼쪽 눈에만 비치도록 거울을 비스듬히 배치하고 오른쪽에 있는 그림이 오른쪽 눈에만 비치도록 거울을 배치한다. 그리고 왼쪽과 오른쪽에 두 종류의 다른 그림을 동시에 보여 주면 두 그림을 동시에 다 인식할 수 있는 것이 아니라 한 번에 하나씩 번갈아 보게 된다. 이러한 현상을 양안경합(binocular rivalry)이라고 한다.[1]

　양안경합 현상은 지각의 의식적인 활동이 뇌에서 어떻게 일어나는지 관심을 불러일으켰다. 우리가 얼굴을 보면 뇌의 방추얼굴 영역이 활성화되고 집이나 장소를 보면 해마곁장소 영역이 활성화된다고 앞에서 언급한 적이 있다. 1998년에 하버드(Harvard) 대학교와 MIT 대학교 연구팀이 피험자의 한쪽 눈에 얼굴, 다른 쪽 눈에 집 사진을 동시에 보여 주면서 뇌활성화 패턴을 조사하였다.[2] 양안경합 실험 방식을 이용해서 얼굴과 집 사진을 보여 주었더니 한쪽 눈에 보여진 얼굴을 인식할 때는 방추얼굴 영역이 활성화되고 해마곁장소 영역의 활성화 정도는 현저히 줄어들었다. 이때 방추얼굴 영역의 활성화 수준은 얼굴 사진 하나만 따로 보여질 때 활성화되는 정도와 차이가 없었다. 반면, 다른 쪽 눈에 제시된 집 사진을 인식하게 될 때는 해마곁장소 영역은 활성화되었으나 얼굴 인식에 민감한 방추얼굴 영역의 발화는 뚜렷하게 감소되었다. 이때 해마곁장소 영역의 발화 정도는 얼굴 사진 없이 집 사진만 따로 보여질 때와 차이가 없었다. 이 실험은 양안경합으로 인해 정보를 지각하게 될 때 정보의 경합 상태에 따라 뇌 안에서 특정 영역이 어떻게 반응하는지 보여 준다.

두 그림이 양쪽 눈에 동시에 보여지면 두 개의 정보가 해석되는 과정에서 서로 경합을 하게 되고 경합에서 우세한 이미지를 우선 인식하게 된다. 그때 다른 이미지는 의식하지 못하는 영역으로 남겨지게 된다. 몇 초마다 이러한 구도는 바뀐다. 억눌려 있던 정보가 의식의 세계로 들어오고, 의식하던 이미지는 반대로 억제되면서 의식하지 못하는 영역으로 들어간다. 결국 우리는 두 눈에 따로 보여지는 그림을 한꺼번에 의식할 수는 없다. 한 번에 하나씩 번갈아 가면서 인식하게 된다.

양안경합

다음의 장치는 1838년에 찰스 윗스톤(Charles Wheatstone) 경이 고안한 거울입체경 (mirror stereoscope)이다. 좌우측 그림판에 붙여진 이미지는 거울에 반사된다. 좌우 양 눈은 거울에 비친 각각의 이미지를 볼 수 있다.

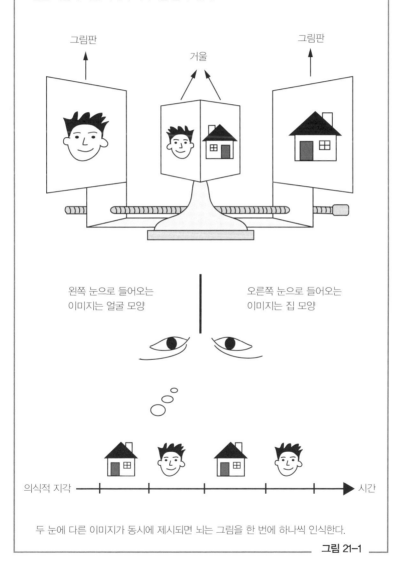

그림판

거울

그림판

왼쪽 눈으로 들어오는 이미지는 얼굴 모양

오른쪽 눈으로 들어오는 이미지는 집 모양

의식적 지각 ——————————————————▶ 시간

두 눈에 다른 이미지가 동시에 제시되면 뇌는 그림을 한 번에 하나씩 인식한다.

그림 21-1

참고자료

1. Blake, R., & Logothetis, N. K. (2001). Visual competition. *Nature Reviews of Neuroscience, 3*, 1-11. doi: 10.1038/nrn701

2. Tong, F., Nakayama, K., Vaughan, T., & Kanwisher, N. (1998). Binocular rivalry and visual awareness in human extrastriate cortex. *Neuron, 21*, 753-759. doi: 10.1016/S0896-6273(00)80592-9

22. 눈이 정상임에도 뇌를 다쳐서
볼 수 없는 경우도 있을까?

　우리는 눈으로 세상을 본다. 눈이 손상되면 세상을 볼 수 없다. 사람들은 눈으로 세상을 본다고 생각하지만, 망막에 이미지가 맺히는 것만으로 우리가 무엇을 보는지 알지 못한다. 이미지가 뇌로 전달되기 전까지는 무엇을 보고 있다는 생각을 하지 못한다. 결국 본다고 알 수 있는 것은 뇌 덕분이다.

　좀 더 자세히 이야기하면, 눈으로 들어오는 세상의 정보는 망막에 맺히고, 이미지는 시신경을 타고 외측슬상핵(Lateral Geniculate Nucleus: LGN)이라는 곳을 지나 주시각피질(primary visual cortex)로 전달된다. 이 영역이 손상되면 눈이 정상적으로 기능함에도 불구하고 보이지 않는다고 느낀다. 자신이 현재 무엇을 보고 있는지 의식하지 못하는 것이다. 이를 피질맹(cortical blindness)이라고 한다. 피질맹을 지닌 사람의 경우 완전히 시각을 상실한 시각장애인과 달리 보지 못하는 쪽으로 불빛을 비추면 눈동자가 수축한다. 또한 불빛이 움직이면 눈동자가 불빛을 따라 움직이기도 한다. 하지만 자신이 무엇을 보는지 알지 못한다.

후두피질(occipital cortex)의 손상으로 피질맹 증상이 나타나면 손상되지 않는 영역으로 들어온 시각 정보는 볼 수 있지만 손상된 영역으로 들어오는 시각 정보는 볼 수 없다. 그런데 아주 놀라운 현상이 있다. 피질맹 환자 중 일부는 보지 못하는 사물에 대해 반응할 수 있다는 것이다. 눈에 비친 사물을 보지 못하고 무엇인지 의식하지는 못하면서 반응하는 현상을 맹시(blindsight)라고 한다. 눈에 비치는 불빛을 보지 못하면서 불빛의 색깔이 빨강인지 초록인지 구별하기도 하고, 움직이는 불빛을 보지 못하면서 어느 방향으로 향하는지 대답을 요구하면 방향을 말하기도 한다.[1]

맹시를 통해 시각 처리 과정을 더 자세히 연구하기 위해 원숭이를 실험대상으로 삼기도 한다. 원숭이의 주시각피질을 완전히 제거한 다음 손상된 영역에 자극을 보여 주면 자극이 나타났는지 아닌지 알지 못한다. 하지만 원숭이도 역시 피질맹 환자처럼 보지 못한 자극을 구별하기도 한다. 빨간 불빛인지 초록 불빛인지 구별하기도 하고 자극이 나타난 장소를 알기도 한다. 시각피질이 완전히 손상되는 경우는 흔하지 않다. 그래서 일부 연구자들은 남아 있는 시각피질의 기능으로 인해 이런 현상이 가능하다고 주장하기도 한다. 이런 현상이 일어나는 이유로 가장 많이 언급되는 것은 시각 정보가 처리되는 경로가 주시각피질 한 곳이 아니라는 것이다. 앞서 망막에 맺힌 정보는 시신경을 타고 외측슬상핵이라는 곳을 지난다고 했다. 이 영역과 주시각피질이 아닌 선조외시각 영역(extrastriate visual areas)과의 연결을 통해 시각처리가 일어날 수도 있다. 주시각피질은 우리가 본 것을 의식하는 데 중요한 역할을 한다. 하지만 주시각피질이 완전히 손상됐다 하더라도 시각 정보는 다른 경로를 통해 뇌에서 처리될 수 있다.[2] 그래서 무엇을 보았는지 의식하지 못해도 시각적으로 반응할 수 있다.

참고자료

1. Cowey, A. (2010). The blindsight saga. *Experimental Brain Research, 200*, 3-24. doi: 10.1007/s00221-009-1914-2

2. Schmid, M. C., Mrowka, S. W., Turchi, J., Saunders, R. C., Wilke, M., Peters, A. J., Ye, F. Q., & Leopold, D. A. (2010). Blindsight depends on the lateral geniculate nucleus. *Nature, 466*, 373-377. doi: 10.1038/nature09179

23. 글씨를 보면 색깔이나 촉감 혹은 감정이 함께 느껴지는 현상은 무엇일까?

우리가 '비행기'라는 단어를 들으면 비행기의 모습과 굉음을 내며 날아가는 비행기 소리를 연상할 수 있다. 또 '고양이'라는 단어를 들으면 고양이의 모습이 연상될 수도 있고 고양이의 울음소리가 귀에 들리는 듯하다. 연관된 것끼리 연합하여 기억에 저장되어 있기 때문이다. 그런데 일반적으로 사람들이 느끼는 것과 좀 다른 감각 기능을 가진 사람들이 있다. 동시에 여러 가지 감각을 함께 느끼는 경우이다. 이를 공감각(synaesthesia; 또는 동반감각)이라고 한다. '공감각'으로 많이 알려져 있지만 '동반감각'이라는 말이 이 현상을 훨씬 잘 설명해 준다. 예를 들면, 글자나 숫자를 보면 색깔을 경험하는 것이다. 숫자-색깔 동반감각자들 중에는 숫자 2를 보면 파란색을 경험하는 사람도 있고 2를 보면 다른 색깔을 경험하는 사람도 있다. 숫자마다 혹은 글자마다 경험하는 색깔이 각 개인마다 일관되게 나타난다. 어느 날은 2를 보면 파란색을 경험하고 다른 날은 빨간색을 느끼는 등 때에 따라 달라지는 것은 아니다. 숫자에 따라 느껴지는 색깔은 항상 동일하다. 또한 시간이 흘러도 특정 숫자나 색깔의 연결이 달라지지 않는다.[1]

동반감각자들 중에는 냄새를 맡으면 기하학적 모양이 보인다고 하는 사람들도 있고 음악을 들으면 맛을 느끼는 사람도 있다. 특정 촉감을 느끼면 '평화롭다' '무섭다'와 같은 감정이 일어나는 사람도 있다. 우리가 잘 아는 화가 칸딘스키(Kandinsky)나 음악가 리스트(Liszt)도 동반감각을 가졌다고 알려져 있다. 리스트는 악보에 나오는 음표를 보면 동시에 색을 경험하였다고 한다. 가장 빈번히 보고되는 공감각 현상은 숫자나 글자가 색깔과 연결된 경우이다. 이럴 때 뇌에서는 어떤 현상이 일어날까? 청각적으로 단어를 들으면 색깔을 경험하는 동반감각자 13명의 뇌를 기능적 자기공명영상을 통해 찍은 다음 공감각을 갖지 않는 일반인의 뇌와 비교했다.[2] 동반감각자들은 단어를 들을 때 시각피질 중에서도 좌뇌의 색깔을 담당하는 영역이 활성화되었다. 반면, 일반인의 뇌에서는 이러한 활성화가 일어나지 않았다. 동반감각을 지닌 사람들은 경험하는 감각 종류에 따라 해당 뇌 영역도 그렇게 반응하는 것이다.

동반감각은 병이나 장애가 아니다. 하지만 동반감각을 정신병으로 잘못 진단하여 약을 복용하는 사람들도 있다고 들었다. 동반감각이 병은 아니지만 일반인들이 감각하는 방식과는 분명히 차이가 있다. 태아부터 유아기를 거치면서 신경세포는 과잉생성되고 가지치기를 하고 신경회로를 형성한다고 했다. 동반감각을 가지게 되는 이유에 대해 과잉생성된 신경세포가 솎아지지 않고 계속 연결을 맺으면서 신경회로가 형성되었다는 견해와 신경회로상 존재하는 경로가 억제되지 않거나 과잉 연결되어 있다는 견해도 있다. 동반감각을 가진 사람들은 놀림감이 될까 싶어 섣불리 자신이 경험하는 현상을 드러내지 못하기도 한다. 하지만 동반감각을 가진 사람들 중에 많은 사람이 미술가, 음악가, 시인 등의 직업을 가진 예술가이다. 이것을 잘 이용하게 되면 오히려 창의적인 직업을 가질 수도 있다. 일반인들과 느끼는 것이 다른 것을 단점이 아니라 자신만의 세계를 표현할 수 있는 창의성으로 키울 수 있다. 혹시 여러분 중에 글씨를 보면 색깔을 경험하거나 촉감을 느낄 때마다 감정이 샘솟는다면 이 경험을 어디에 사용할지 생각해 보면 좋을 듯하다.

참고자료

1. Simner, J. (2012). Defining synaesthesia. *British Journal of Psychology, 103*, 1-15. doi: 10.1348/000712610 X528305
2. Nunn, J. A., Gregory, L. J., Brammer, M., Williams, C. R., Parlow, D. M., Morgan, M. J., ··· Gray, J. A. (2002). Functional magnetic resonance imaging of synesthesia: Activation of V4/V8 by spoken words. *Nature Neuroscience, 5*(4), 371-375. doi: 10.1038/nn818

24. 고유감각은 무엇일까?

의자에 다리를 꼬고 앉아서 눈을 감은 채 왼손으로 턱을 만지작거린
다고 상상해 보자. 눈으로 직접 확인하지 않더라도 우리는 다리의 위치
를 알고 왼손이 어디에 있는지 안다. 이것은 고유감각(proprioception)
기능이 제대로 작동하고 있기 때문에 가능한 일이다. 뇌는 고유감각으
로부터 우리 신체의 위치, 움직임 그리고 속도에 관한 정보를 받아들인
다. 이 감각을 잃으면 다리의 위치, 손의 위치, 신체를 움직이는 속도 등
을 지각하지 못하게 된다. 비록 나 자신의 몸일지라도 자신의 신체를
느낄 수 없고 육체를 상실해 버린 것처럼 된다.

신경과 전문의인 올리버 색스(Oliver Sacks)가 쓴 『아내를 모자로
착각한 남자(The man who mistook his wife for a hat)』라는 책에는
고유감각에 대해 잘 알려 주는 예화가 나온다. 두 아이의 엄마이자
27세의 건강한 여성 크리스티나는 쓸개 제거 수술을 위해 병원에 입

원했다가 수술에 앞서 움직임을 조절하고 통제하는 데 문제가 발생했다. 무엇인가 잡으려고 하면 손이 빗나가고, 음식을 먹으려고 해도 손이 입으로 가지 않고, 급기야 침대에서 일어나지도 못하고, 몸의 감각조차 느낄 수 없게 되고, 목소리를 내는 것조차 힘들게 되었다. 크리스티나는 몸이 없어진 것 같다고 호소를 하였고, 근육이 풀려 버린 듯 자세를 유지하거나 움직임을 제어할 수도 없게 되어 마치 몸의 움직임이 목표물을 찾지 못하고 표류하듯 흐느적거렸다. 검사 결과, 급성 신경성 다발염으로 고유감각이 심각하게 손상된 것으로 진단되었다. 신체의 근육, 힘줄과 관절의 감각을 상실한 것이다.

이 책에서 크리스티나는 의사인 올리버 색스에게 이렇게 말한다. "고유감각이라는 것은 몸에 달린 눈과 같은 것이어서 몸이 자기 자신을 볼 수 있게 해 주는 건가 보군요. 저처럼 그것이 없어져 버리면 몸이 아무것도 볼 수 없게 되겠지요? 몸속의 눈이 보지 못하면 몸이 자신을 보지 못할 테니까요. …… 그러니 이제부터는 몸에 달린 눈으로 봐야겠네요, 맞죠?"[1] 크리스티나의 이 말은 고유감각이 무엇인지, 그것이 손상되었을 때 재활 방향까지도 암시하는 아주 중요한 말이다. 결국, 크리스티나는 몸속의 눈과 같은 고유감각을 상실하였기 때문에 이를 대신할 방법을 찾아야 했다. 그래서 시각과 전정기관(평형감각)을 이용하여 몸을 움직이도록 훈련하게 되고 잃어버린 고유감각을 다른 감각에서 대체하여 일상생활을 유지하게 되었다.

고유감각을 상실한 크리스티나는 눈을 감아 버리면 자신의 몸의 위치가 어디에 있는지 알지 못한다. 그녀는 눈을 부릅뜨고 자신의 신체를 쳐다봐야 신체 부위가 어디에 있고 몸을 어떻게 움직이는지 알 수 있다. 시각을 이용하여 자신의 몸의 위치를 항상 의식해야 한다. 엄청난 주의력이 요구되는 일이다. 무의식적으로 할 수 있는 일에 의식이 매번 개입되어야 하기 때문이다.

우리가 걸을 때마다 손과 발, 몸의 위치와 속도를 눈으로 의식하고 측정하면서 걷는다고 상상해 보자. 한 걸음을 디딜 때마다 의식한다면 얼마나 많은 에너지와 주의를 쏟아부어야 하는지 솔직히 짐작조차 할 수 없다. 고유감각을 상실하게 되면 자신이 느낄 수 있는 신체는 없어지게 된다. 걷는 것이 아무런 거리낌 없이 자연스러운 사람들은 그 느낌이 어떨지 알 수 없을 것 같다. 우리는 몸이 어디 있는지 매 순간 확인하지 않는다. 몸의 위치를 일부러 의식하지 않더라도 자신의 육체를 자신의 것으로 느낄 수 있는 것은 고유감각 때문이다. 눈을 감든지 뜨는지 상관없이 말이다.

참고자료

1. Sacks, O. (2008). **아내를 모자로 착각한 남자**(조석현 역). 서울: 이마고. (원서는 1985년에 출판).

25. 다중감각 학습이 아동의 인지 발달에 어떤 영향을 미칠까?

인간에게는 오감이 있다. 모두 다 알다시피 시각, 청각, 촉각, 미각, 후각이다. 다양한 감각을 통해 기억하는 정보는 뇌에서 잊히지 않고 오래 유지된다. 그런데 오감학습이라고 하면 사람들이 흔히 착각한다. 사진이나 동영상을 통해 시청각 학습을 하고 다양한 사진을 보여 주는 것만으로 오감학습을 한다고 생각한다. 시각자료를 많이 보여 주는 것이 안 보여 주는 것보다는 좋겠지만, 이것은 오감학습이라고 칭하기에 턱없이 부족하다.

오감학습은 '동시에 여러 감각기관을 통해 학습'하는 것을 말한다. 예를 들면, 한 대상에 대해서 다양한 감각을 동시에 느끼는 학습이다. 실제로 만져 보고, 냄새 맡아 보고, 귀로 들어도 보고, 맛도 보고, 눈으로 확인도 하는 것이다. 공감각 학습이라고 언급하는 글도 있지만, 이는 앞서 언급한 동반감각, 예를 들어 글씨를 보면 색이나 촉감,

감정을 저절로 경험하는 현상을 칭하는 공감각(질문 23 참조)과 혼돈을 초래할 수 있어서 이 글에서는 다중감각 학습이라고 칭할 것이다.

다중감각을 통해 경험한 정보는 기억이 잘된다. 그래서 나중에 정보를 더 빨리 인출하거나 관련한 정보를 더 잘 학습하게 된다. 그런데 꼭 유념할 부분이 있다. 다중감각 학습을 할 때는 정보들끼리 의미가 일치될 때 더욱 효과를 발휘하게 된다는 것이다.[1] 비가 추적추적 떨어지는 모습을 경험하면서 강아지 소리를 들으면 의미가 일치하지 않는다. 사과를 학습하면서 사과의 아삭거리는 소리, 주스를 짜는 소리를 경험하지 않고 다른 엉뚱한 기차 소리를 학습한다면 의미는 상충된다. 여러 감각기관으로 들어오는 정보의 의미가 일치할 때 우리는 더욱 잘 학습할 수 있다. 그래서 다중감각 학습은 동일한 의미를 지닌 사물이나 내용에 대한 다양한 감각을 동시에 학습하는 것이 중요하다. 말은 굉장히 쉽게 들린다. 그리고 유아교육을 하는 사람들은 다들 자신들의 교육기관에서 아이들에게 다중감각 학습을 시킨다고 말한다. 하지만 실제로 교육 현장을 살펴보면 제대로 된 다중감각 학습을 하는 곳을 찾아보기 힘들다.

사람의 인지 처리 용량은 제한적이다. 감각기관 용량 또한 제한적이다. 그러므로 하나의 감각기관으로 정보를 받아들이는 것보다 다양한 감각기관을 동시에 사용하면 더 많은 정보를 담을 수 있다. 또한 다양한 감각 정보를 받아들여 학습한 정보는 차후에 하나의 감각 정보만 인출해도 연관 감각 정보들도 활성화시킨다.[2] 예를 들어, 시각 정보와 청각 정보는 각각 시각피질과 청각피질에서 우선 받아들이지만 이들 정보는 뇌 안에서 통합된다. 뇌영상 연구 결과, 시각 정보와 청각 정보를 동시에 연결하여 학습한 경우 차후에 시각 정보만 인출해도 함께 학습한 청각 정보까지 활성화된다.[3] 따로 학습하게 될 때는 이러한 현상이 일어나지 않는다. 아이들이 많이 만져 보고, 냄새 맡아 보고, 맛보고, 들어 보고, 눈으로 확인하는 학습이 강조되는 이유가 바로 여기에 있다.

아이들이 '비'에 대해 배운다고 하자. 아이들은 비가 오는 정경(시각)을 보고, 비가 창문을 두드리는 소리(청각)를 들어 보고, 여러 가지 사물로 빗소리나 비가 내리는 모습을 재연해 보고, 손으로 비를 느껴 보고(촉각), 손에 묻은 비의 냄새(후각)를 맡아 보고, 맛(미각)을 볼 수 있다. 또한 '사과'를 학습할 때 사과의 모양을 살펴보고, 아삭거리며 먹는 소리나 장난감 칼로 자를 때 나는 소리를 들어 보고, 맛을 보고, 냄새를 맡아 보고, 껍질과 씨, 그리고 꼭지 등의 감촉을 느껴 보면서 자신의 생각과 느낌을 여러 가지로 표현하게 되면 감각 경험이 풍부해지게 된다. 같은 사물이지만 다른 형태를 지닐 때, 예를 들어, 사과를 으깨어 주스로 만들었을 때 촉감과 맛과 냄새를 맡게 되면 사물의 특징을 더욱 잘 기억하고 이해하게 된다. 사과와 비는 단순한 주제 같지만 아이들은 이 과정에서 자신의 느낌을 생각해 보고 표현하는 능력도 기르게 되고 특징을 파악하는 관찰력 또한 좋아지게 된다. 무엇보다도 기억에 깊이 남게 된다. 이러한 다중감각 경험은 미래의 학습 능력이나 창의력에 든든한 바탕이 될 수 있다.

참고자료

1. Lehmann, S., & Murray, M. M. (2005). The role of multisensory memories in unisensory object discrimination. *Cognitive Brain Research, 24*, 326-334. doi: 10.1016/j.cogbrainres.2005.02.005

2. Shams, L., & Seitz, A. R. (2008). Benefits of multisensory learning. *Trends in Cognitive Sciences, 12*(11), 411-417. doi: 10.1016/j.tics.2008.07.006

3. Nyberg, L., Habib, R., McIntosh, A. R., & Tulving, E. (2000). Reactivation of encoding-related brain activity during memory retrieval. *Proceedings of the National Academy of Sciences, 97*(20), 11120-11124. doi: 10.1073/pnas.97.20.11120

Part 5

인지 이야기:
주의력

26. 뇌는 세상으로부터 들어오는 모든 정보를 다 받아들일까?

우리의 감각기관을 통해 들어오는 정보들이 100% 모두 뇌에 입력되는 것은 아니다. 또한 감각기관으로 들어온 정보가 모두 다 처리되는 것이 아니라 걸러진 정보가 다음 단계의 처리 과정으로 들어간다. 우리가 주의를 기울이지 않아도 필요한 정보가 알아서 척척 들어와 처리되지 않는다. 많은 정보가 한꺼번에 쏟아져 들어오고 모두 처리된다면 아마 머리가 터져 버릴 것이다. 동시에 처리할 수 있는 인지 처리 용량은 제한적이다. 그래서 인간의 주의력은 무한하지 않고 선택적으로 작용한다.

인지신경과학 교과서에서 주의력 편을 보면 빠지지 않고 등장하는 내용이 있다. 칵테일 파티 효과(cocktail party effect)이다. 예를 들면, 결혼식 만찬장에서 요란하게 울리는 음악 소리나 주변 테이블에서 들리는 대화 소리에도 불구하고 우리는 사람들과 대화에 집중할 수 있다. 특정 자극에 자신의 주의를 선택적으로 기울일 수 있기 때문이다(선택주의력; selective attention). 대신 주의를 기울이지 않은 정보는 잘 기억하지 못한다. 이를 잘 설명해 주는 실험이 있다.

1953년에 영국의 심리학자 체리(Cherry)는 피험자의 귀에 헤드셋을 쓰게 하고 양쪽 귀에 각각 다른 메시지를 들려주었다.[1] 그리고 특정 귀에 들리는 메시지를 소리 내어 따라 하도록 하였다. 이때 피험자들은 소리를 따라 하기 위해 다른 쪽 귀에 들리는 메시지는 무시해야 했다. 이렇게 무시된 메시지의 내용은 차후에 제대로 기억할 수 없었다. 주의를 준 쪽의 정보가 처리된 것이다([그림 26-1] 참조).

한 가지 일에 너무 몰두해 버리면 주변의 다른 정보를 놓치게 된다. 1999년에 하버드(Harvard) 대학교 심리학과에서 시행한 고릴라 실험은 이를 잘 말해 준다.[2] 피험자에게 두 팀이 함께 농구하는 영상을 보여 주고 그중 한 팀이 공을 몇 번 패스하는지 세어 보는 과제를 주었다. 횟수를 세는 동안 검은 고릴라가 농구팀 무리 사이를 지나갔는데 거의 절반의 피험자들이 이를 제대로 지각하지 못했다. 한 가지 일에 선택적으로 몰두하여 다른 변화를 눈치채지 못한 것이다. 이를 변화맹(change blindness)이라고 한다.

포켓몬고가 한때 전국을 휩쓸었다. 젊은이들이 포켓몬고에 열광하여 강원도까지 원정을 가기도 했다. 기존의 포켓몬 게임 규칙에 증강현실을 덧입혀 게임 이용자는 포켓몬이 있는 위치를 알기 위해 사방팔방 이리저리 돌아다니면서 포켓몬을 잡는 데 열중한다. 우리가 사는 동네에 느닷없이 게임 속 상상의 포켓몬이 등장하니 신기하기도 하다. 편의점, 갤러리, 도로, 강가 등 어디든 나온다. 포켓몬고에 집중하면 나머지 주변의 정보는 보이지도 들리지도 않는다. 여러분의 주의력은 스마트폰 안 포켓몬을 잡는 데 이미 다 써 버렸기 때문이다. 그러니 운전 중에 포켓몬고를 한다는 것은 얼마나 위험한 일인지 짐작이 갈 것이다. 주변에 차나 사람이 지나가도 보지 못하고 신호등에 빨간불도 놓치는 일이 쉽사리 일어날 수 있다.

우리 뇌는 주의를 선택적으로 기울이고 주의를 기울인 쪽 정보를 더 잘 받아들인다. 무턱대고 아무 정보에 주의를 기울이면 에너지만 낭비하고 처리해야 할 정보를 제대로 받아들이지 못한다. 우리가 필요한 정보에 주의를 제대로 기울여야 정보를 효율적으로 처리하고 받아들일 수가 있다. 어차피 정보를 한꺼번에 받아들일 수 없다면 어떤 정보를 취하는 것이 일상생활에서 혹은 학습이나 일에 효율적인지 생각해 볼 필요가 있지 않을까 싶다.

참고자료

1. Cherry, E. C. (1953). Some experiments on the recognition of speech, with one and with two ears. *The Journal of the Acoustical Society of America, 25*(5), 975-979. doi: 10.1121/1.1907229
2. Simons, D. J., & Chabris, C. F. (1999). Gorillas in our midst: Sustained inattentional blindness for dynamic events. *Perception, 28*, 1059-1074. doi: 10.1068/p2952

1953년 영국 심리학자 체리(Cherry)의 실험

말이 드넓은 가을
들판을 달리며…

가족들이 난로 주위에
둘러앉아…

가족들이 난로 주위에
둘려 앉아…

피험자는 특정 귀에 들리는 메시지만 따라 하고 다른 쪽 귀에 들리는 메시지는 무시하였다. 주의를 준 쪽의 정보는 잘 기억했지만 무시한 쪽 정보는 제대로 기억할 수 없었다.

그렇다면 주의를 주지 않은 쪽 정보는 전혀 처리되지 않을까?

누가 내 이름을
언급하는 것 같은데…

아무개가…

어디서
비슷어가…

자신의 이름, 욕, 혹은 자신과 관련한 정보 등이 들려올 때 주의를 전혀 기울이지 않았는데도 불구하고 귀가 솔깃하면서 들린다. 즉, 자발적으로 주의를 기울이지 않더라도 외부에서 뇌로 들어오는 정보가 걸러지고 그중 일부가 처리될 수 있다.

그림 26-1

27. 주의력 조절 능력이
왜 필요할까?

주의를 제대로 정의하기란 참으로 어렵다. 주의에 대해 엄청나게 많은 연구가 이루어지고 있지만 어떤 인지신경과학자라도 주의를 딱 잘라 정의하기가 쉽지 않다. 1890년에 행동주의를 대표하는 심리학자 윌리엄 제임스(William James)는 심리학을 과학화하는 데 지대한 공헌을 하였다. 심리학의 고전으로 꼽히는 그의 저서『심리학의 원리(The Principles of Psychology)』에 나오는 주의력에 대한 정의는 아직까지 가장 널리 회자되고 있으며 심리학이나 인지과학 저서에 거의 빠지지 않고 등장한다. 윌리엄 제임스의 주의력에 대한 정의는 다음과 같다.

"주의가 무엇인지 누구나 안다. 동시다발적으로 가능한 여러 개의 대상이나 일련의 생각 중 하나를 선명하고 생생한 형태로 마음에 소유하는 것이다. 그것의 핵심은 의식을 모으고 집중하는 것이다. 어떤 것을 효율적으로 처리하기 위해서 다른 것들을 거둬야 하는 것을 뜻한다. 이런 상태는 혼란스럽고, 멍하고, 산만한 상태와는 완전히 상반된다."

윌리엄 제임스의 정의에서 필요한 정보에 주의를 제대로 기울이고 불필요한 정보를 억제해야 정보를 보다 효율적으로 처리할 수 있다는 의미는 참으로 중요하다. 정보를 마구잡이로 다 뇌로 집어넣을 수 없기 때문이다. 그것은 불가능하다. 제한된 주의력 용량으로 인해 우리는 주의를 분산시키지 않고 관련 없는 방해물을 억제하며 필요한 정보를 선택·할당할 필요가 있다. 여기서 절실히 필요한 기능은 선택과 억제 그리고 주의력을 적절히 분배·유지할 수 있는 주의력 조절 기능이다.

조절 능력과 관련한 일상생활의 예를 살펴보자. 공부한다고 방에 들어간 아이는 책을 펴고 앉았지만 슬그머니 드는 잡념을 따라 이 생각 저 생각하다가 시간만 보낸다. 책은 펴진 채 그대로이다. 눈은 책을 향하고 있다가 핸드폰 문자음이 울리면 주의는 이미 책을 떠나 버린다. 책 내용이 무엇인지 집중할 수가 없다. 재미도 없고 잡념만 한가득이다. 이렇게 책상 앞에 앉아 하루 종일 보낸다. 그런데 문제는 오랜 시간 책상 앞에 앉아 있는다고 해서 책 속의 내용을 모두 받아들이지는 않는다는 것이다. 짧은 시간이라도 효율적으로 정보를 선택하고 유지하고 억제할 수 있는 능력이 책상 앞에 마냥 앉아 있는 능력보다 절실하다. 주어진 시간에 주의력을 스스로 조절할 수 있는 능력을 키워야 한다.

그렇다면 어른들은 어떨까? 엄마가 시장 보러 나왔는데 가스를 껐는지 도무지 기억이 나지를 않는다고 한다. 국을 끓이다가 방금 소금을 넣고도 기억나지 않아 또 넣는다. 고춧가루를 넣어야 할 때 설탕을 팍팍 뿌리고, 돈 찾는 은행 기계 앞에서 돈은 찾고 카드를 두고 오거나 카드만 쥐고 돈은 두고 그냥 나오기도 한다. 마트에서 받은 영수증은 손에 쥐고 돈을 휴지통에 버린다. 기억이 예전 같지 않고 엉뚱한 실수를 범해 은근히 걱정된다. 이것은 전적으로 기억력 문제 같지만 꼭 그렇지는 않다.

새로운 일을 할 때, 어려운 과제가 주어졌을 때 또는 여러 가지 일을 한꺼번에 할 때는 많은 주의력이 요구된다. 어려운 일도 자꾸 하다 보면 익숙해져서 주의력이 처음만큼 필요하지 않을 정도로 자동화되어 버린다. 행동이 이렇게 자동화되면 현재 하고 있는 행위에 주의를 충분히 기울이지 않아도 불쑥 나오게 된다. 주의력 시스템이 충분히 개입되지 않아 가스를 껐는지 뇌 속에 기억되지 않고, 돈은 버리고 카드만 가지고 나오기도 하게 되는 것이다. 주의력을 의식의 세계로 끌어올리면 이런 실수는 줄어든다. 노력이 필요하다.

앞의 예는 생활에서 흔히 일어나는 풍경이다. 주의를 유지할 때, 불필요한 정보를 억제할 때, 그리고 정작 필요한 것에 선택적으로 주의를 기울일 때 주의력 조절 능력이 개입된다. 주의력 조절 능력은 오로지 주의와 관련된 것 같지만 기억, 계획 등과 같은 인지활동과 인지처리의 결과물인 행동이 외부로 표출되기까지 깊숙이 간여한다. 이 능력이 떨어지면 생활하는 데 불편함이 야기된다. 공부할 때만 주의력 조절 능력이 필요한 것이 아니라 우리의 일상생활을 어려움 없이 하는 데도 이러한 조절 능력이 요구된다.

28. 한 가지 일에 무한정
주의를 쏟을 수 없을까?

　어느 날 대학생이 한 가지 일에 무한정 주의를 쏟아 공부를 잘하고 싶은데 어떻게 해야 하느냐고 질문을 했다. 한 가지 일에 주의를 무한정 쏟는 일은 불가능하다. 우리는 공부에 열중하고 있다가 어느새 잡념에 사로잡혀 버리기도 한다. 이러한 현상은 아주 자연스럽고 누구에게나 일어나는 일이다. 해야 할 일과 과제가 있는데 불쑥불쑥 딴생각이 드는 것은 당연하다. 일을 시작하고 나서 딴생각이 들지 않고 계속 집중할 수 있으면 너무 좋을 것 같다. 하지만 짧은 시간 내에도 주의력은 변한다.

　주의를 유지하는 능력을 지속주의력(sustained attention)이라고 한다. 하지만 주의는 항상 똑같은 상태로 있지 않는다. 한두 시간 간격을 두고 변한다는 의미가 아니라 1~2분 혹은 몇십 초, 몇 초 사이에도 바뀐다. 순간순간 주의 상태가 달라져 최적의 상태에 있기도 하고 그렇지 않을 수도 있다. 최적의 상태에서 벗어나면 실수를 범할 가능성은 높아지고 과제수행력이 떨어진다.[1] 이렇게 주의가 순간순간 바뀌는 현상은 일반적으로 모두에게 나타나는 현상이다. 하지만 너무 빈번하게 그리고 오랫동안 최적의 상태에서 벗어나게 되면 주의력에 문제가 있을 수 있다.

주의는 저절로 지속되지 않는다. 상태가 변하는 동안에도 스스로 조절할 수 있도록 애써야 가능한 일이다. 오랜 시간 동안 주의를 모으는 일은 참으로 쉽지 않다. 또한 주의를 집중하고 나면 많은 에너지가 소모되고 피곤하다. 시간이 흐를수록 주의는 흐트러진다. 현재 하고 있는 과제나 일을 잘 수행하기 위해서는 주의를 최적의 상태로 만드는 것이 중요하지만 집중할 수 없는데 무작정 앉아서 집중하려고 끙끙거릴 수도 없다.

공부를 위해 계속 앉아 있다고 해서 지속주의력이 좋은 것은 아니다. 부모들은 책상 앞에 오래 앉아 있는 아이가 지속주의력이 좋다고 착각한다. 꼼짝하지 않고 앉아 있으면 더 많이 공부할 것이라 기대한다. 학교에서 공부를 하다가 옆을 돌아보면 친구들이 열심히 공부하는 것 같다. 자신만 딴생각에 두리번거리는 것 같아 마음이 영 편치 않다. 그런데 고개를 숙이고 열심히 공부하는 학생의 눈은 책을 향하고 있지만 머리로는 이 생각 저 생각하고 있다. 이럴 때는 책상에서 벗어나 다른 활동을 하는 편이 나중에 심기일전하여 주의를 다시 모으는 데 도움이 된다.

올림픽 경기나 체육 경기를 보고 있으면 경기 내내 집중력을 유지하는 대단한 선수들이 있다. 모두들 부러워하고 감탄한다. 예를 들어, 박인비 선수가 올림픽 금메달을 받을 때 시합 처음부터 끝까지 평정심을 유지하며 각 타마다 주의를 유지하는 모습을 보면서 사람들은 감탄사를 연발했다. 박인비 선수의 집중력과 평정심을 다들 부러워한다. 우리는 모두 박인비 선수처럼 될 수 있을까? 쉽지 않다. 사람마다 주의력을 유지할 수 있는 시간에 차이가 있다. 훈련에 의해 주의력이 좋아질 수는 있지만 모든 사람이 박인비의 평정심과 조절 능력을 따라갈 수는 없다. 대신 스스로 주의력의 한계가 어느 정도인지 파악하고 학습 방법이나 일을 처리하는 방식을 거기에 맞춰 계획을 세우면 일의 성취도를 높일 수 있다. 그러면서 주의력을 조금씩 늘리는 노력을 하면 조절 능력을 키우는 데 도움이 된다.

대부분의 사람들이 한 가지 일에 무한정 주의를 쏟아부어야 공부를 잘 할 것으로 생각해서 집중할 수 없는데도 마냥 책상 앞에 앉아 있는다. 무한정 주의를 쏟을 수는 없다. 그리고 이러한 방법은 오히려 비효율적이다. 공부 방법 중 한꺼번에 몰아서 하는 몰아학습(massed practice)과 나눠서 공부하는 분산학습(spacing practice)이 있는데, 몰아학습보다 분산학습이 학습효과가 뛰어나다는 사실은 이미 과학적 실험에 의해 여러 차례 증명되었다. 그러므로 자신의 주의력에 맞춰 분산학습을 적절히 이용하는 것이 오히려 학습의 효율성을 높일 수 있다.[2]

참고자료

1. Esterman, M., Noonan, S. K., Rosenberg, M., & DeGutis, J. (2013). In the zone or zoning out? Tracking behavioral and neural fluctuations during sustained attention. *Cerebral Cortex, 23*, 2712-2723. doi: 10.1093/cercor/bhs261
2. 윤은영(2016). **뇌를 변화시키는 학습법**. 대구: 한국뇌기능개발센터.

29. 여러 가지 일을 한꺼번에 잘하려면 어떤 주의력이 필요할까?

어린 학생들일수록 여러 가지 일을 한꺼번에 후다닥 처리하고 싶어 한다. 그리고 이 글을 읽는 사람들 중에는 '어떤 친구는 여러 가지 일을 후다닥 한꺼번에 하면서도 아주 훌륭하게 잘해 내는 것 같은데 나는 한 번에 하나씩 하지 않으면 왜 이것도 저것도 안 되지?' 하고 고민하는 사람도 있을 것이다. 하지만 '도대체 나는 무엇이 문제일까?' 라고 우울해하지 않아도 된다. 그런 고민은 할 필요가 없다. 멀티태스킹(multi-tasking)을 하면 멋있어 보이고 능숙한 사람 같아 보일지 모르겠지만 인지 처리를 효율적으로 잘하기 위해서는 별로 바람직한 태도는 아니다. 옆에 있는 친구가 멀티태스킹을 잘한다는 생각이 든다면 그 사람은 다른 사람들 모르게 열심히 노력할지도 모른다. 친구들이 보기에는 노는 것 같아도 다 나름대로 지속적으로 사고하고 마음에 두고 곱씹기도 한다.

두 가지 이상의 과제를 동시에 처리해야 할 때 주의는 각각의 과제에 적절하게 분배되어야 한다. 이때 주의력을 '분할(분리)주의력(divided attention)'이라고 한다. 멀티태스킹을 하면 과제 수만큼 주의력도 분할되어 실수도 잦게 되고 과제를 이행하는 시간도 느려질수 있다. 특히 두 가지 이상의 시각 과제를 동시에 한다든지 아니면 두 가지 이상의 청각 과제를 동시에 수행해야 하는 등 같은 종류의 정보를 한꺼번에 처리해야 하는 경우에는 실수가 더욱 잦아진다.

공부하면서 스마트폰을 들여다보고 가사 있는 음악을 듣는 것도 주의력을 분할하여 멀티태스킹을 하는 것이다. 주의력이 공부에, 음악에, 스마트폰에 왔다 갔다 한다. 이러한 일을 동시에 하려면 주의력을 조금씩 나누어 써야 될 뿐만 아니라 어디에 초점을 더 맞추고 있느냐에 따라 주의력 전환이 계속 일어난다. 이러한 전환에는 대가를 지불해야 한다. 왜냐하면 주의력의 용량은 제한되어 있어서 주의력을 전환하거나 나누어 쓸 때는 반응시간이 지연되거나 실수가 늘어날 확률이 높아지기 때문이다. 학습을 하는 동안 다른 일에 주의를 나누어 쓰게 되면 기억을 오래 유지하지 못하고 공부하는 시간에 비해 정보를 많이 받아들이지 못하는 일이 발생한다.

사람들마다 주의집중 패턴은 다르다. 그 패턴을 잘 이용하여 학습이나 일의 효율을 높이는 것이 무척 중요하다. 자신의 주의력 패턴을 안다는 것은 조절 능력을 향상시킬 수 있는 기본 바탕이 되어 있는 것이다. 특히 주의력을 높이는 일은 본인의 의지가 굉장히 중요하다. 본인이 하고 싶은 마음이 들게 되면, 즉 동기화가 높아지면 주의 기능은 빠르게 향상될 수 있다.

분할주의력이 좋지 않다고 해서 주의력에 문제가 있는 것은 절대 아니다. 섣불리 판단해서는 안 된다. 만약에 여러분 중 주의력 검사를 받았는데 분할주의력만 떨어졌다면 기분 상할 필요는 없다. 다른 주의 영역들이 괜찮으면 문제가 없다. 물론 주의력이 심각하게 문제가 될 때는 분할주의력만 문제가 아니라 주의 기능이 전반적으로 떨어지고 이로 인해 학업능력이나 다른 심리적인 문제도 야기될 수 있다. 굳이 분할주의력만 특정적으로 향상시키고자 할 필요는 없다. 주의력을 조절하는 능력이 높아지면 스스로 주의력을 할당하는 기능이 좋아질 수 있다.

30. 운전 중에 핸드폰을 사용하면
왜 위험할까?

분할주의력은 말 그대로 주의력을 나누어서 사용하는 능력을 의미한다. 운전을 하면서 내비게이션을 보는 일은 두 가지 일을 동시에 하는 것이므로 주의를 분할하여 사용할 수밖에 없다. 그러므로 운전 중에 핸드폰을 사용한다거나 DMB를 시청하는 일은 매우 위험한 행위이다.

운전 중 핸드폰 사용이 사고의 위험을 얼마나 높이는지를 여실히 보여 주는 실험이 있다. 실제 일어나는 교통 상황과 유사하게 만든 운전 모의실험 기기에서 참가자들은 도시고속도로와 같은 대로상에서 선도차를 따라가는 과제를 했다. 참가자들이 운전에만 집중할 때보다 핸드폰을 사용할 때 도로 상황에 따른 대응 속도가 전반적으로 더뎠고, 브레이크를 밟는 속도도 느렸으며, 충돌사고도 더 많이 발생하였다. 또한 도로 옆 광고판을 여러 차례 지나쳐도 운전 중에 보았던 광고판인지 아닌지 잘 기억하지 못했다.[1] 손에 핸드폰을 들지 않고 대화를 해도 위험한 것은 마찬가지이다. 운전을 하면서 대화에 집중하다 보면 거리의 표지판이 중심 시야에 들어오더라도 시각 주의력이 줄어들어 인식 능력이 영향을 받게 된다. 핸드폰을 사용하게 되면 주변 상황을 잘 살피기보다 앞만 보고 운전하는 경향이 있으며, 주의력이 현저히 떨어져 운전자의 정면 시야에 들어오는 사물을 보았을 때조차 주의를 적절하게 기울이지 못하게 된다.

운전하면서 무엇을 먹거나, 함께 탄 사람들과 얘기를 하거나, 문자를 보내는 것도 우리가 생각하는 것 이상으로 위험한 행동이다. 하지만 라디오를 들으면서 운전을 한 그룹은 운전에만 집중할 때와 별 차이가 없다.[2] 라디오는 청각 자극으로, 운전을 하기 위해 뇌에서 사용하는 시각기능과 운동기능에서 사용하는 자원들(resources) 사이에 충돌이 적게 일어나게 된다. 청각과 시각은 분리된 감각이고 각각의 자극을 일시적으로 받아들여 유지하고 처리하는 작업기억에서도 어느 정도 독립성을 유지하기 때문이다. 그래서 라디오를 들으면서 운전하게 되면 먹거나 대화하거나 문자를 보내는 행위와 달리 운전 중 주의력을 유지하기가 한결 수월하다. 하지만 핸드폰상 대화는 생각하면서 단어를 끄집어내고 문장을 만드는 행위가 필요하고 이 과정에서 주의력을 위시한 다양한 인지기능이 작용한다. 우리의 인지기능이 핸드폰 대화와 운전에 나뉘어 사용되어 안전 운전에 지장을 초래할 수밖에 없다.

주의력을 분산시켜 여러 일을 동시에 하게 되면 당연히 수행 속도가 느려지거나 실수가 잦아진다는 것을 쉽게 상상할 수 있다. 젊은 사람들은 이런 이야기에 콧방귀를 뀌기도 한다. 자신은 여러 가지 일을 동시에 잘할 수 있다는 자신감이 충만하다. 하지만 뇌는 두 가지 이상의 일을 동시에 의식하고 동시에 반응하지 못한다. 한 번에 하나씩 반응한다. 특히 첫 번째 반응 이후 두 번째 반응 사이에는 얼마간의 시간이 필요하다. 이를 전문 용어로 '심리적 불응기(psychological refractory period)'라고 한다. 이러한 현상과 주의력의 분산으로 인해 운전 중에 핸드폰을 사용하게 되면 사고의 위험이 있는 순간에 대처 반응이 당연히 지연된다. 그래서 브레이크를 밟는 시간이 지체되고 신호등을 제대로 보지 못하는 등 사고의 위험성이 높아지게 된다. 운전 중 핸드폰 사용은 아주 위험한 행위이다.

참고자료
1. Strayer, D. L., Drews, F. A., & Johnston, W. A. (2003). Cell phone-induced failures of visual attention during simulated driving. *Journal of Experimental Psychology: Applied, 9*(1), 23-32. doi: 10.1037/1076-898X.9.1.23
2. Strayer, D. L., & Johnston, W. A. (2001). Driven to distraction: Dual-task studies of simulated driving and conversing on a cellular telephone. *Psychological Science, 12*(6), 462-466. doi: 10.1111/1467-9280.00386

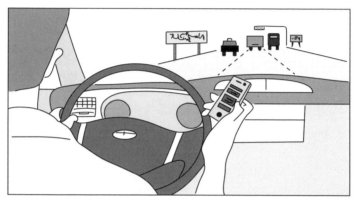

운전 중 스마트폰 사용, 길을 건너면서 스마트폰을 보는 행위는 큰 위험을 초래할 수 있다.

그림 30-1

31. 멍때리기의 의미는 무엇일까?

멍때리기 대회가 사람들의 이목을 끌고 있다. 바쁜 세상에 쉬어 가자는 의미가 있고 뇌 건강에 긍정적인 효과를 준다고 미디어에서 말하지만 잘못 알려진 부분이 있다. 멍때리기는 '디폴트 모드 네트워크(default mode network)'라는 전문 용어를 한국식으로 번역하던 중에 나온 것이다. 그런데 디폴트 상태와 사전적 의미의 멍때리기는 그 의미가 일치하지 않는다. 우리나라 사람들이 생각하는 멍때리기는 아무 생각 없이 넋 놓은 듯 멍하게 있는 상태를 뜻하지만, 디폴트 상태는 아무 생각 없이 넋 놓고 있는 것만을 의미하지 않기 때문이다.

디폴트 모드라는 말은 누구에게나 생소하다. 컴퓨터를 다룰 줄 아는 사람들은 디폴트값이란 말이 익숙할 수 있다. 예를 들어, 컴퓨터의 워드 파일 글자 크기는 항상 10으로 맞춰져 있다. 사용자가 따로 지정하지 않는 한 기본 설정치가 정해져 있다. 디폴트값은 기본적으로 맞추어져 있는 설정값(초기화값)이다. 반면, 신경과학에서 이야기하는 디폴트 모드는 특정 외부 과제를 수행하지 않는 휴식의 상태를 말하며, 디폴트 모드 네트워크는 그때 활성화되는 신경회로를 의미한다. '초기화망'으로 번역되어 미디어에 오르내리고 있으나 '초기화'라는 단어가 주는 의미로 인한 혼란을 없애기 위해 여기서는 디폴트 모드 네트워크를 그대로 사용하겠다.

우리 뇌의 디폴트 모드는 흔히 휴식 상태를 의미하기도 한다. 또한 바깥세상에 대해 주의를 쏟거나 반응하지 않지만, 깨어 있으면서 마음속으로 이런저런 상념에 잠겨 있는 것을 의미한다. 여러분이 편히 쉬고 있을 때 머리를 항상 백지장처럼 하얗게 비울 수 있을까? 절대 그렇지 않다. 물론 멍하니 있을 때도 있지만 딴생각에 정신이 팔려 있을 때도 많다. 과거 일을 생각하든, 자신의 미래를 생각하든, 백일몽에 잠겨 있든, 아니면 오늘 저녁에 무엇을 먹을까 생각하든 내부 세상에 잠겨 있는 것이다. 생각이 한 주제에 집중되지 않고 이리저리 옮겨 다니기도 한다(mind wandering). 자기 스스로에 대해 생각하는 자기성찰도 디폴트 모드 상태에 포함된다.

멍하니 이 생각 저 생각하고 있는데 느닷없이 "야! 너 무슨 생각하는데 불러도 몰라?"라고 친구가 얘기한다면 여러분은 디폴트 상태에 빠져 있었던 것이다. 학교에서 야간자율 학습을 하던 중 생각이 갑자기 이리저리 떠돌면 칠판을 쳐다보고 있어도 칠판을 보고 있다고 의식하지 못한다. 외부에서 오는 자극을 더 이상 지각하지 않는다. 자신의 생각에 빠져 있기 때문이다. 방바닥에 드러누워 나 자신에 대한 생각도 해 보고, 남에 대해서도 생각하고, 미래도 상상해 보고, 친구랑 웃겼던 일화도 생각해 보고, 하던 게임을 어떻게 풀어 갈지 머릿속으로 그려 보기도 하고, 친하던 친구가 왜 갑자기 자신에게 차갑게 대하는지 고민할 수도 있다. 가만히 이 생각 저 생각 해 보는 것이다.

디폴트 모드 네트워크의 발견은 우연으로 시작되었다. 연구자들이 뇌영상촬영 중 과제를 수행하지 않고 쉬는 상태에서 분명하고도 일관되게 활성화되는 뇌 영역과 패턴이 있다는 것을 알게 되었다.[1] 디폴트 상태는 우리 뇌에서 언제든지 일어나는 일이다. 책을 읽고 있는 중이었는데 글자는 전혀 눈에 들어오지 않고 다른 생각을 하는 경우를 누구나 쉽게 경험한다. 의도했던 책 읽기를 하지 않고 슬그머니 딴생각에 빠지기도 한다. '디폴트 모드'의 의미는 사전적 의미의 멍때리기와 분명 거리가 있다. 만약 멍때리기의 개념을 넋 놓고 아무 생각하지 않는 것에다 외부 자극을 더 이상 지각하지 않고 상념에 빠지는 것까지 포함한다면 두 개념이 비슷해질 수 있다. 이 개념을 명확히 해야 왜 디폴트 상태에서 창의력, 문제해결, 자아성찰 그리고 타인의 마음을 읽고 공감할 수 있는 능력이 상승할 수 있는지 이해하게 된다. 자주 넋 놓고 있다고 창의력이 저절로 올라가는 것은 절대로 아니다. 멍때리기에 대해 바른 이해가 필요하다.

참고자료

1. Buckner, R. L., Andrews-Hanna, J. R., & Schacter, D. L. (2008). The brain's default network: Anatomy, function, and relevance to disease. *Annals of the New York Academy of Sciences, 1124*, 1-38. doi: 10.1196/annals.1440.011

디폴트 모드 네트워크

디폴트 모드는 바깥세상에 주의를 주
거나 반응하지 않지만, 깨어 있으면서
마음속으로 이런저런 상념에 잠겨 있
는 상태이다. 그림은 디폴트 상태에
빠져 있는 모습을 묘사하고 있다. 멍
때리기 대회에 나가기 위해 머릿속을
하얗게 백지장처럼 만드는 연습을 하
는 것은 좋지 않다. 차라리 편하게 쉬
는 편이 훨씬 유익하다.

그림 31-1

32. 멍때리기를 자주 해도 괜찮을까?

우리는 삶을 바쁘게 살아간다. 세상이 발달할수록, 대도시에 살수록 삶은 더욱 각박하고 바쁘게 돌아간다는 생각을 한다. 어린아이들도 마음껏 놀 수 있는 것이 아니다. 교육을 받지 않으면 남보다 뒤처진다는 부모님들의 조바심에 유아기 때부터 교육으로 직행한다. 아이들이 놀이터에서 노는 모습을 지켜보다가 학원, 숙제 그리고 공부로 찌든 요즘 학생들이 생각나 가끔 서글플 때가 있다.

사전적 의미대로 넋을 잃고 멍하게 있는 상태를 의미하는 멍때리기는 습관처럼 자주 하는 것은 좋지 않다. 멍때리기 대회에 참여하기 위하여 열심히 멍때리는 연습을 하는 것은 더욱 바람직하지 않다. 주의를 기울이는 연습이 아니라 자꾸 주의를 기울이지 않고 아무 생각 없이 멍하게 있는 연습을 하다 보면 정작 중요한 시점에서 주의를 기울일 수가 없다. 멍하기는 쉬워도 주의를 기울이기는 어렵다는 말이다. 뇌는 우리가 훈련하는 대로 움직이는 경향이 있다. 어려운 일을 자꾸 연습하다 보면 수행 속도가 빨라지고 처음만큼 주의를 기울이지 않더라도 점점 더 쉽게 할 수 있다. 자동화되는 것이다. 멍때리기가 자동화되는 것은 바람직하지 않다. 나이가 어린 학생들이 이 대회에 참여한다고 생각하면 우려를 금할 수 없다. 바쁜 세상 쉬어 가자는 취지는 백 번 이해한다. 차라리 명칭을 '멍때리기 대회'가 아니라 '맘 놓고 쉬기 대회'라고 하는 편이 뇌 건강에 훨씬 도움이 될 것 같다.

뇌는 죽을 때까지 쉼 없이 돌아간다. 쉬지를 않는다. 잘 때는 쉴까? 잠을 잘 때도 뇌는 낮에 학습한 내용을 공고히 하는 공고화(consolidation; 또는 응고화) 과정에 참여한다. 가만히 있으면 쉴까? 가만히 있어도 이생각 저 생각 끊임없이 한다. 뇌는 쉬는 시간이 필요하다. 머리를 하얗게 백지처럼 만드는 시간이 필요하기보다 충분히 휴식하면서 뇌를 재충전할 수 있는 시간이 필요하다. 우리가 바다의 모래사장을 막 뛰어다니면서 즐겁게 논다고 상상해 보자. 그때 여러분의 머릿속은 백지장일까? 귀로 바다 소리가, 눈으로 푸르른 바다와 드넓은 백사장이, 피부로 바닷바람이, 코로는 진한 소금 냄새가 우리의 감각을 자극한다. 이것도 뇌를 쉬게 하는 방법이다. 찌든 일상에서 벗어나 뇌의 감각기관을 다른 방법을 통해 채우고 재충전하는 것이다.

자주 넋 놓은 상태로 있는 것은 바람직하지 않다. 피곤하면 푹 쉬는 것이 인지기능에 훨씬 도움이 된다. 우리는 즐겁게 놀면서 정서의 안정을 느끼고 쉰다는 느낌을 받을 때가 많다. 또한 쉬어야 할 때가 있고 하던 일을 열심히 계속해야 될 때가 있다. 적정선을 찾기가 참쉽지 않다. 디폴트 상태는 우리에게 필요하다. 그리고 디폴트 상태는 누구나 경험한다. 아무 생각 없이 멍하게 있는 멍때리기도 모두 경험한다. 하지만 굳이 연습할 필요는 없다. 언제, 어디서, 얼마나 자주 하느냐가 문제가 될 수 있기 때문이다.

33. 카페에서 공부하면
집중이 더 잘될까?

'카페에서 공부가 잘되는 이유'가 인터넷에서는 백색 잡음 때문이라고 한다. 우리가 익숙한 백색 잡음 중 한 가지 예는 라디오에서 '지직'거리는 소리이다. 카페에서 들리는 백색 잡음이 다른 소음을 덮어주어 오히려 집중력을 향상시킨다고 하는데 이것이 사실일까?

이 주제로 인터넷상에 가장 많이 회자되는 논문은 2012년에 미국과 캐나다 경영학과 연구팀이 『소비자연구저널(Journal of Consumer Research)』에 발표한 것이다.[1] 창의성과 관련한 과제를 피험자들에게 제시하면서 생활 소음들을 뒤섞어 만든 잡음을 낮은 톤(50db), 보통 톤(70db) 그리고 높은 톤(80db)의 배경 소리로 들려주었다. 그리고 어느 조건에서 가장 창의적인지 살펴보았다. 이들의 결론은 보통 소음 상태에서 추상적인 사고가 촉진되어 창의적인 아이디어가 가장 많이 나왔으며 혁신적인 상품을 선택할 가능성이 높아졌다는 것이다. 반면, 높은 소음 조건에서는 정보 처리가 방해받아 창의성이 저해되었다고 한다.

지금 소개할 논문 결과를 보면 우리가 카페에서 공부를 해야 될지 말아야 될지 심각하게 고민을 해 봐야 한다. 독일 연구진이 2015년에 발표한 논문이다. 피험자가 보았던 정보를 기억해야 하는 동안 아무 소리를 들려주지 않거나 '삐' 하는 음 혹은 백색 잡음을 들려주었다. 기억을 유지해야 하는 동안 백색 잡음이 배경으로 깔렸더니 작업기억의 정확도가 오히려 떨어졌다.[2] 연구진은 백색 잡음이 모든 인지기능에 긍정적으로만 작용하는 것은 아니라고 이야기한다. 작업기억력은 학업능력과 상관관계가 높다. 그런데 작업기억력의 정확도를 저해한다는 사실은 학업에 부정적인 영향을 미칠 수 있다는 말이다. 특히 공부를 할 때는 기억의 저장, 문제해결, 계획 등 고차원적 사고를 하는 데 핵심 역할을 하는 작업기억을 지속적으로 사용한다. 그렇기 때문에 새로운 정보를 습득하거나 깊이 사고해야 할 경우 카페에서 공부하는 것은 바람직하지 않다.

카페에서 나는 모든 소음이 모두 백색 잡음이라 할 수 없다. 또한 카페에서 나는 백색 잡음이 다른 모든 소리까지 덮을 것이라고 믿지 않는 것이 좋다. 카페에서는 믹서 소리, 핸드폰 벨소리, 통화하는 소리, 음악 소리 등 많은 소리가 들린다. 이런 소음은 여러분의 주의력을 방해하는 소리이다. 소리뿐일까? 사람들이 왔다 갔다 하고 문이 열릴 때마다 찬바람 혹은 더운 바람이 훅 하고 불기도 하고 눈길을 끄는 풍경도 자주 발생한다. 카페의 자유로운 분위기에 핸드폰 문자가 도착할 때마다 쉽게 반응하기도 한다. 방해자극이 넘치는 장소이다.

하지만 너무 익숙해서 여러분의 주의력이 분산되어도 느끼지 못한다. 오히려 공부가 더 잘된다고 착각할 수도 있다.

요즘 대학가 앞 카페는 독서실처럼 공부할 수 있도록 만든 곳도 있다고 한다. 학교 도서관이 부담스러운 학생들은 이런 카페를 선호한다고 한다. 카페는 일반적으로 여러 명이 토론하기에는 좋은 환경이다. 여러 사람이 만나 차를 한잔 나누면서 서로의 의견을 나누기에는 참으로 좋다. 하지만 제한된 시간하에 주의집중하면서 공부를 해야 할 때와는 다르다. 카페는 자유스러운 환경에 압박감도 주지 않는다. 카페에 앉아 눈으로 열심히 교재를 읽고 공부를 하면 카페를 나오면서 뭔가 했다는 생각에 뿌듯할 수 있다. 그런데 그건 느낌일 수 있다. 자신의 앎의 상태를 느낄 수 있는 메타인지기능은 쉽게 착각에 빠진다. 그래서 공부가 잘된다는 느낌이 항상 맞는 것은 아니다. 공부가 쉽게 잘된다고 느낄 때는 더욱 그렇다.

그렇다면 공부는 꼭 도서관에서 해야 할까? 천만의 말씀이다. 공부는 어디서든 할 수 있다. 다만 공부하는 장소보다는 투자한 시간과 공부한 정도가 제대로 평가되어야 한다. 공부가 잘된 것 같다는 기분만 가지고는 정확한 측정이 될 수 없다. 제대로 공부를 했는지 객관적으로 체크해 볼 필요가 있다. 몇 시간 카페에 앉아 있었고 공부한 내용을 얼마나 숙지했는지에 대한 객관적인 체크 없이 단지 공부가 잘된다는 느낌만으로는 카페에서 공부가 더 잘된다고 할 수 없다. 또한 카페나 도서관에 하루 종일 앉아서 공부한다고 인지기능이 좋아지는 것은 아니다. 짧고 굵게 주의집중해서 공부한 다음 나머지 시간은 운동도 하고 친구도 만나고 다양한 활동과 경험을 하면 여러분의 주의집중력을 포함한 여러 인지기능이 더욱 좋아질 것이다.

참고자료

1. Mehta, R., Zhu, R., & Cheema, A. (2012). Is noise always bad? Exploring the effects of ambient noise on creative cognition. *Journal of Consumer Research, 39*, 784-798. doi: 10.1086/665048

2. Herweg, N. A., & Bunzeck, N. (2015). Differential effects of white noise in cognitive and perceptual tasks. *Frontiers in Psychology, 6*, Article 1639. doi: 10.3389/fpsyg.2015.01639

Part 6

인지 이야기:
기억

34. 기억은 유지하는 시간에 따라 어떻게 나누어질까?

　사람들은 기억을 마치 하나의 형태처럼 뭉뚱그려 생각하는 경향이 있다. 한 공간 안에 삶의 행적, 지식 등을 집어넣는다고 느끼기도 한다. 또한 누구나 기억력을 향상시키고 싶어 하고 기억력이 향상되면 저장 공간이 커지는 것으로 믿는다. 풍선을 불면 불수록 빵빵해지는 것처럼 말이다. 하지만 기억은 우리가 상상하는 것보다 복잡하지만 체계적으로 돌아간다.

　기억의 유형을 유지하는 시간에 따라 분류하면 감각기억, 단기기억, 장기기억으로 크게 나눌 수 있다([그림 34-1] 참조). 감각기억은 말 그대로 감각을 통해 들어오는 정보를 유지하는 기억이며 1~2초도 되지 않아 금방 사라져 버린다. 감각 정보를 받아들인 후 순식간에 증발해 버리거나 다음 단계로 정보를 빠르게 보낸다. 그리고 감각기관으로 들어오는 다음 정보를 계속 받는다. 감각기억과 달리 장기기억은 말 그대로 정보를 오랫동안 저장한다. 이러한 장기기억이 형성되기 위해서는 짧은 시간에 저장되고 곧 사라지는 기억의 도움이 필요하다. 이러한 기억을 단기기억이라고 한다. 다른 용어로 작업기억(혹은 작동기억)이라고 한다. 요즘에는 단기기억과 작업기억을 나누어 설명하는 학자들도 있고, 같은 범주에 있는 기억의 개념으로 뭉뚱그려 쓰기도 한다.

단기기억과 작업기억의 의미는 100% 일치한다고 볼 수 없다. 단기기억은 짧은 시간 기억을 유지한다는 의미가 강하지만 작업기억은 기억의 단시간 유지기능을 넘어 집행관리기능까지도 포함한다.[1] 그래서 계획, 문제해결, 의사결정, 추론 등을 할 때 중요한 역할을 한다. 고차원적 사고를 하기 위해서 장기기억의 내용을 인출·이용·조작하는 일에 작업기억이 개입된다. 상위개념의 사고를 하기 위해 작업기억은 필수이다. 앞서 언급한 기능을 고려하면 작업기억이 학업 성취도와 상관관계가 크다는 것을 쉽게 짐작할 수 있을 것이다.

작업기억의 정보 유지는 일시적이라고 하지만 경계 짓기에 모호한 구석이 많다. 일부 학자들은 이러한 작업기억의 기능 때문에 장기기억의 일부분으로 규정하기도 한다.[2] 경계는 모호할지라도 뇌에는 분명 짧은 시간 동안 유지되는 기억과 오랜 시간 저장되는 기억이 존재한다. 혹시 이 글을 읽는 독자들 중에는 지식이나 경험도 하나의 공간에 저장하면 되지, 굳이 작업기억이나 장기기억이 따로 존재해야 하는지 의아스러운 독자들도 있을 것이다. 이러한 시스템은 정보를 효율적으로 처리하기 위해서 필요하다. 우리는 기억 속으로 모든 것을 다 집어넣지 못한다. 또한 들어오는 정보를 모두 뇌에 집어넣으면 엄청나게 편할 것 같지만 다 집어넣어도 소용없다. 쓸데없는 정보까지 굳이 기억할 이유는 없다.

이러한 인간의 기억 체계는 다른 인지기능과 마찬가지로 인간의 뇌 전체 시스템에 가장 최적화되어 기능하도록 형성되었을지도 모른다. 그래서 순간적으로 사라지는 감각기억, 잠시 정보를 보관하고 유지·조작·조절하는 기능인 작업기억과 평생토록 저장할 수 있는 장기기억이 존재하는 것이다. 작업기억과 장기기억의 상호작용은 버릴 정보와 유지할 정보를 나누고 나름대로 체계적으로 저장할 수 있도록 돕기도 하고 우리 앞에 주어진 문제를 해결하기 위해 필요한 정보를 인출하여 문제가 해결될 때까지 그것을 이용하고 유지하는 것을 가능하게 한다. 그리고 선택된 일부 정보와 해결방법 등은 장기기억으로 넘어가게 되고 기존에 저장되어 있던 지식들은 새로운 지식과 융합되면서 업데이트된다. 결국 뇌의 효율적인 작용을 위해서는 체계적인 기억 시스템이 필요하다. 이러한 시스템을 보다 생산적으로 사용하는 방법을 적용하여 매일의 삶을 형성하는 것은 우리의 몫이다.

참고자료

1. Baddeley, A. (2003). Working memory: Looking back and looking forward. *Nature Reviews of Neuroscience, 4*, 829-839. doi: 10.1038/nrn1201
2. Ericsson, K. A., & Kintsch, W. (1995). Long-term working memory. *Psychological Review, 102*(2), 211-245. doi: 10.1037//0033-295X.102.2.211.

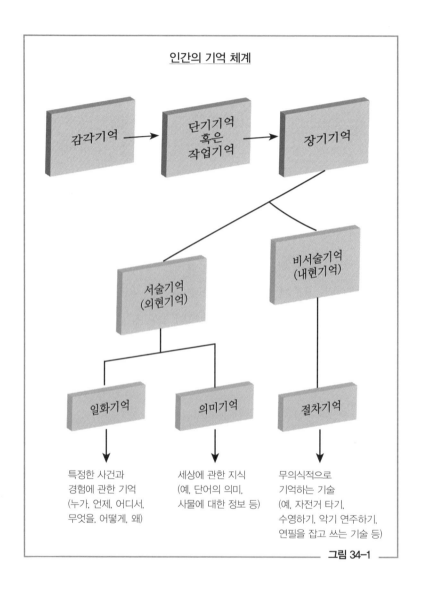

인간의 기억 체계

감각기억 → 단기기억 혹은 작업기억 → 장기기억

서술기억 (외현기억)

비서술기억 (내현기억)

일화기억

의미기억

절차기억

특정한 사건과 경험에 관한 기억 (누가, 언제, 어디서, 무엇을, 어떻게, 왜)

세상에 관한 지식 (예, 단어의 의미, 사물에 대한 정보 등)

무의식적으로 기억하는 기술 (예, 자전거 타기, 수영하기, 악기 연주하기, 연필을 잡고 쓰는 기술 등)

그림 34-1

35. 인간의 기억은 어디에 어떤 모습으로 저장되어 있을까?*

인간의 기억이 저장된 체계를 연구하기 위해서는 뇌손상 환자 연구가 빠질 수 없다. 뇌손상으로 인해 기억에 문제가 발생하는 환자의 사례가 인간의 기억 체계를 밝히는 데 단서를 제공해 줄 수 있기 때문이다. 기억 손상을 보이는 환자들을 연구했더니 장기기억은 하나의 저장 시스템을 가지고 있는 것이 아니라 여러 기억 형태로 나뉘어져 있고, 뇌의 특정 영역에만 고정되어 기억이 저장되는 것이 아니라 여러 곳으로 흩어져 있다는 사실도 알게 되었다.

장기기억을 설명할 때 항상 등장하는 뇌손상 환자는 HM이다. HM은 어릴 적 자전거 사고 이후 심각한 뇌전증 증세를 보였다. 27세 때

---

* 이 질문은 질문 56번 내용과 관련된다.

뇌수술을 받고 양쪽 내측두엽(medial temporal lobes) 대부분을 제거하게 되었다([그림 35-1] 참조). 해마를 포함한 내측두엽은 장기기억 형성에 핵심 역할을 한다. 내측두엽이 기억 형성과 저장에 관여하는 유일한 시스템이라고 믿어졌던 시기가 있었다. 하지만 수술 후 HM의 모든 기억이 다 사라지지는 않았다. 16세 이후의 기억은 사라졌지만 그 이전의 삶은 기억하고 있었다. 이는 내측두엽이 아닌 뇌 어디인가에 기억이 저장되어 있다는 것을 의미한다.

기억은 내측두엽과 여러 외측 피질 영역의 상호작용으로 저장된다. HM의 경우 내측두 영역의 제거로 기억이 공고화 과정을 제대로 거치지 못했고 새로운 경험이나 정보가 장기기억에 저장되지 못했다. 수술 후 HM은 전날 봤던 의사나 일어났던 일(일화기억; episodic memory)을 기억하지 못하고 새로운 사물에 대한 정보(의미기억; semantic memory)도 학습이 되지 않았다. 정보를 일시적으로 유지하는 작업기억이 어느 정도 작동함에도 불구하고 장기기억으로 저장되지 않았다.

HM은 자신이 경험한 일을 제대로 저장하고 기억하지 못하기 때문에 새로운 동작이나 기술을 배우면 배운 사실을 기억하지 못했다. 하지만 배운 기술은 수행할 수 있었다. 도구를 사용하는 기술, 수영이나 자전거 타기와 같은 운동 기술이나 절차를 무의식적으로 기억하는 능력을 절차기억(procedural memory)이라고 한다. 그의 기술 수행 능력은 정상인과 별 차이가 없었다. 결국 절차기억은 내측두엽에만 의존하지 않는다는 사실을 의미한다. HM의 기억에 관한 연구는 인간의 장기기억 체계와 해마를 포함한 내측두엽의 역할 그리고 기억의 저장이 내측두엽만이 아닌 다른 영역이 개입된다는 사실을 시사한다.[1] 그렇다면 기억은 어떤 모습으로 저장되어 있을까?

우리는 어릴 때부터 손, 발, 공, 차 등 대상의 이름과 만지고 때리고 달리는 등 동작의 이름을 학습하고 감정을 나타내는 사람의 표정도 학습한다. 이렇듯 세상으로부터 들어오는 정보를 학습하고 저장한다. 이러한 지식은 뇌의 특정 영역에 하나의 저장 상자 형태로 존재하지 않는다고 이미 언급했다. 또한 하나의 세포가 '손'의 의미를 저장하고 또 다른 세포 하나가 '공'의 의미를 저장하는 것도 아니다. 기억이 저장되어 있는 모습은 우리가 받아들이고 학습한 정보가 뇌에서 어떻게 표상되는지에 관한 질문이기도 하다. 이 질문에 대한 답은 아직 정확하게 제시할 만큼 밝혀지지 않았다.

지금부터 2016년에 『네이처(Nature)』에 발표된 단어의 의미지도 (semantic atlas) 연구를 소개하고자 한다.[2] 이 연구는 기억의 저장에 초점을 맞춘 연구라기보다 일상생활에서 듣는 언어의 의미가 뇌에서 어떻게 표상되는지를 보여 주는 연구이다. 여기에 소개하는 이유는 지금껏 우리가 학습한 언어의 의미가 뇌에서 어떻게 조직화되고 처리되는지를 이해하게 되면 우리가 학습하고 획득한 내용이나 경험이 어떤 형식(모습)으로 저장되어 있는지 고민해 볼 수 있기 때문이다.

미국 버클리(Berkeley) 대학교 갤런트(Gallant) 박사 연구팀은 〈US 라디오 쇼〉라는 프로그램에서 발췌한 아주 흥미진진한 이야기를 7명의 피험자에게 2시간 동안 들려주었다. 피험자들이 이야기를 듣는 동안 기능적 자기공명영상 장치로 스캔하여 뇌의 각 영역마다 단어와 단어의 의미에 반응하는 패턴을 조사했다. 연구 결과, 우리가 학습한 단어의 의미들은 뇌의 한 영역이나 좌뇌에만 국한되지 않고 유사한 의미를 띠는 단어들끼리 범주화되어 좌우 대뇌피질에 넓게 분포되어 있고, 단어의 의미에는 좌뇌에서만 반응하는 것이 아니라 좌뇌와 우뇌 전체에 걸쳐서 반응한다는 것이다. 『네이처』는 갤런트 교수팀의 연구 결과를 동영상을 통해 간략하게 잘 설명하고 있다.[3] 이 동영상은 유튜브에서 쉽게 찾아볼 수 있다. 예를 들면, 영어의 'top'이라는 단어는 다양한 의미를 가진다. 웃옷, 빌딩의 꼭대기 층, 그리고 순서화된 숫자나 서열에서 제일 위를 의미한다. 사람들이 'top'이란 단어를 들으면 옷, 숫자, 빌딩 등과 관련된 여러 영역이 반응한다. 하나의 단어는 관련된 여러 영역을 활성화시킨다. 놀라운 사실은 유사하거나 공통된 특징을 지니는 단어들이 그룹화되어 뇌에 넓게 분포되어 있는데, 이러한 분포 패턴이 개개인마다 별로 다르지 않다는 사실이다. 또한 지금까지 우리가 학습한 언어가 좌뇌에만 한정되어 표상되는 것도 아니라고 한다.

우리는 아직까지 기억의 비밀을 모두 밝히지 못했지만 어떤 모습으로 어떻게 저장되는지를 밝히는 여정에 서 있다. HM과 같은 뇌손상환자의 연구와 뇌영상촬영을 통한 단어의 의미지도는 기억의 체계와 저장된 의미기억의 표상 방법에 대해 일부분이지만 새로운 사실을 알려 주었다. 알파고를 만든 허사비스(Hassabis)는 인지신경과학 분야에서 학위를 받을 당시에 기억에 관해 연구했다. 그는 기억이 뇌에서 어떻게 표상되는지 구체적으로 알고 싶어 했다. 필자의 생각으로는 인간의 기억 표상 방법을 알게 되면 인공지능을 작동하게 할 수 있는 기계의 용량을 줄이고 보다 효율적으로 용량을 사용하거나, 인간의 표상 방법으로 학습하고 작동하는 강력한 인공지능을 만들 수도 있으며, 또한 인공지능이 더 획기적으로 진화할 수 있는 계기가 될 수 있을지도 모르겠다. 기억 연구는 환자의 재활뿐만 아니라 인공지능에 이르기까지 다양한 분야에서 응용될 수 있다. 하지만 가야 할 길은 아직까지 멀다.

참고자료

1. Squire, L. R. (2009). The legacy of patient H.M. for neuroscience. *Neuron, 61*, 6-9. doi: 10.1016/j.neuron.2008.12.023
2. Huth, A. G., de Heer, W. A., Griffiths, T. L., Theunissen, F. E., & Gallant, J. L. (2016). Natural speech reveals the semantic maps that tile human cerebral cortex. *Nature, 532*, 453-472. doi: 10.1038/nature17637
3. 갤런트 연구 동영상 사이트 https://www.youtube.com/watch?v=k61nJkx5aDQ

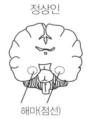

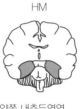

정상인

HM

해마(점선)

양쪽 내측두영역
제거(회색)

기억과 관련해 세상에 가장 널리 알려진 뇌손상 환자 HM이다. 어릴 때 자전거 사고 이후 그는 심각한 뇌전증을 겪게 되었다. 이 모습은 1953년 뇌수술을 받기 직전 27세 때 모습이다(위키피디아 사진 참조).

1970년대 HM의 모습

HM은 수술 후 기억장애를 겪었다. IQ는 평균 이상이었고 언어, 지각, 운동성이 별 문제가 없었다. 수술 이후에 16세 이전 기억(역행성 기억)은 남아 있었고, 일련의 숫자를 외우고 몇십 초간 기억(작업기억)을 유지할 수 있었다. 하지만 자신의 경험이나 사건(일화기억), 새로운 지식(의미기억)을 저장하고 기억할 수 없었다.

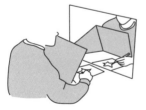

거울 추적 과제
(Mirror tracing task)

HM은 자신의 손을 보지 않고 거울을 보면서 도형의 윤곽을 추적해 그리는 기술(절차기억)을 습득하였다. 하지만 자신이 그런 과제를 했다는 사실은 전혀 기억하지 못했다.

그림 35-1

36. 얼마만큼 반복해야 사진처럼 기억할 수 있을까, 10번, 20번, 30번?

인터넷에서 우연히 보게 된 질문이다. 누구나 학습한 내용을 모조리 보고 외운 대로 기억하고 싶어 한다. 하지만 인간은 사진처럼 기억할 수 없다. 주관적으로는 사진처럼 생생하게 느끼지만 기억에는 아주 세부적인 사항까지 모두 사진처럼 정밀하게 저장되지 않는다. 필자도 고등학교 때 교과서의 특정 페이지가 꼭 사진을 보듯이 기억난다고 느낀 적이 있었다. 뇌과학을 공부하면서 이것이 착각이었다는 것을 알게 되었다. 사진처럼 기억한다면 글자체는 물론이고 쉼표와 적어 놓은 모든 필기까지 완벽하게 기억해야 하지만, 막상 종이에 떠오르는 대로 써 보라고 한다면 복사한 듯이 그릴 수 없다. 불가능하다. 단지 사진처럼 선명하게 떠오른다고 느낄 뿐이다.

노인들이 마주 앉아 깔깔 웃으시면서 어릴 때 장난치던 이야기를 할 때 보면 다들 그때가 사진처럼 생생하다고 이야기한다. 따사로운 햇살 아래 개울에서 물장구치던 모습과 즐거웠던 분위기가 선명하게 기억난다고 느낀다. 맞다. 이러한 기억은 곱씹을수록, 끄집어낼수록 더욱 새록새록 그리고 생생하게 느끼게 된다. 사진처럼 저장되어 있지 않더라도 사진을 보듯 생생함을 느끼는 것이다. 게다가 기억의 장소를 방문하게 되면 더 많은 기억이 살아나고 더욱 생생하게 느끼게 된다. 하지만 기억이 사진처럼 저장되는 것은 아니다.

이 질문을 한 학생은 사진처럼 기억해야 공부를 잘할 것이라고 믿는 듯하다. 기억력이 좋으면 학습에 도움이 된다. 그런데 그것만 가지고는 충분하지 않다. 왜냐하면 학습을 잘한다는 의미는 앵무새처럼 외우는 것이 아니라 배운 내용을 소화하고 자신의 것으로 만들어 이 지식을 다른 영역에 전이할 수 있다는 것을 의미하기 때문이다. 무작정 암기만 하려고 들면 10번, 20번, 30번을 반복하더라도 시간이 지나면서 점점 망각 속으로 사라질 가능성이 높다.

사진처럼 기억하려고 노력하기보다는, 또한 잘 외워지지 않아 무조건 반복하기보다는 전체의 흐름을 파악하는 것이 기억에 더 도움이 된다. 뇌는 구체적이고 상상할 수 있는 내용일수록 쉽게 기억하는 경향이 있다. 망망대해처럼 막연한 생각에 빠지지 않고, 기억해야 할 내용의 범주를 만들어 좀 더 구체적이고 가시적인 지식으로 만들면 오래 기억할 수 있다. 또한 전체적인 내용을 파악하고 세부사항에 들어가게 되면 기억을 유지하고 이해하는 데 도움이 된다.

학기가 시작되면 새로이 마음먹고 공부를 열심히 해 보기 위해 학습교재를 사서 읽는다. 처음부터 줄을 그어 가면서 나름 굳건한 마음을 가지고 시작한다. 읽어 보니 어렵다. 금방 주의가 산만해지고 무엇을 읽었는지 전혀 기억이 나지 않아 다시 첫 페이지부터 시작한다. 하지만 앞으로 나아가지 못하고 제자리를 맴맴 돈다. 앞부분만 읽은 채 책과 영영 이별하게 되는 경우도 생긴다. 단 한 페이지를 읽고 중단하더라도 읽고 난 후에 책을 덮고 무엇을 읽었는지 잠시 생각해 보고 머릿속에 요약해 보면 나중에 다시 보게 될 때 책 내용이 아주 생소하게 느껴지지는 않는다. 눈으로만 읽고 눈에 암기하려고 하기보다는 읽은 내용을 조금이라도 상기하면 익숙하게 느껴져 앞으로 나아가기 한결 편해진다. 인간의 기억 표상은 사진처럼 저장하는 방식을 사용하지 않는다. 그래서 사진처럼 저장하려고 애쓰는 학습 방법보다 이해하고 인출하려고 애쓰는 방법이 기억 유지뿐만 아니라 차후에 문제해결 능력을 향상시킬 수 있다.

우리는 주변 사물이 모두 의자라는 것을 안다. 그렇다면 뇌는 우리가 본 모든 의자를 사진처럼 저장하고 기억할까?

뇌는 우리가 본 모든 의자를 사진처럼 저장하고 있지 않지만 의자가 무엇인지 안다. 이것이 뇌가 세상을 인식하는 방법이다. 하지만 사물의 모양, 크기, 색깔, 각도 등 모든 특징이 뇌에서 어떻게 표상되는지는 아직까지 정확하게 밝혀지지 않았다.

그림 36-1

37. 우리는 정보를 무한정 저장하고 기억할 수 있을까?

기억이란 우리의 평생을 담고 있다. 평생의 모든 경험이 기억으로 응축된다. 아침에 일어나면서부터 많은 일을 하고 많은 감정이 교차한다. 이러한 경험은 기억으로 넘어간다. 우리가 하는 모든 경험이 기억 속에 다 저장되는 것은 아니다. 저장되더라도 망각 현상이 일어난다. 예를 들어, 3일 전에 무엇을 했는지 떠올릴 수 있지만 기억 속에서 영원히 사라질 수도 있다. 만약 기억이 무한정이라고 한다면 이러한 망각 현상에서 좀 더 자유로워질 수 있을 텐데 인간인 이상 기억의 일부분은 사라진다. 중요하고 소중한 경험으로 남았던 일들이나 강렬한 기억들은 남아 있지만 시간이 흐를수록 아주 세세한 부분까지 기억할 수는 없다.

인간의 장기기억은 작업기억과 달리 오랫동안 저장되는 기억이다. 하루만 기억할 수도 있고, 3일, 한 달 또는 평생토록 기억할 수도 있다. 용량이 어느 정도라고 정확하게 밝혀진 바는 없지만 무한정이라고 말하는 사람들도 있다. 하지만 인간은 뇌로 들어오는 수많은 정보를 기억에 무한정 저장할 수 없다. 예외적인 경우가 책으로 발표된 적이 있다. 러시아 신경심리학자인 루리아(Luria)가 1968년에 발표한 저서『모든 것을 기억하는 남자(The mind of a mnemonist)』에 등장하는 인물 S이다.[1] 하지만 이것은 정말 지극히 예외적인 경우이다.

루리아의 책에 등장하는 모든 것을 기억하는 남자 S는 동반감각(공감각)의 소유자이다. 그는 수많은 숫자들을 한 번 기억하면 수년이 흘러도 다시 기억해 낸다. 의미 없는 단어와 숫자로 이루어진 열을 수십 개식 늘려 가도 막힘없이 기억하고 몇 해가 지나도 다시 기억했다. S는 일반인과 다르게 망각하는 법을 고안해야 할 정도였다. 그런데 모든 것을 기억하면 편할까? 사람들은 S의 기억에 경의를 표하고 부러워한다. 하지만 S는 떠오르는 기억을 지우기 위해 고통받을 때도 많았다. 또한 동반감각으로 인해 많은 정보를 한꺼번에 기억할 수 있었지만 주어진 문장을 읽으면 시각적인 연관 감각들이 떠올라 문장의 진정한 의미를 파악하는 데 방해가 되기도 하였다.

필자는 무한정 기억하게 되기를 원하지 않는다. 그리고 무한정 기억할 수도 없다. S와 같은 기억력 근처에도 가지 못한다. 세상에 이러한 사례가 없을 정도로 S는 예외적이다. 공부할 때는 지식을 한꺼번에 삼켜 버릴 정도로 기억하고 우리가 곤란한 것이나 기억하기 싫은 고통은 쉽게 잊어버린다면 너무나 좋겠지만 어디에서도 그런 능력을 가진 사람은 찾을 수가 없다. 인간은 컴퓨터처럼 기억하지 못하고 또한 무한정 저장하고 기억하지 못한다. 인간의 기억은 구체적이지 않은 형태로 저장되고 새로운 경험을 하게 되면 과거에 있던 기억과 더불어 섞이고 업데이트된다. 그리고 일부는 망각된다. 인간이 변하는 세상과 환경에 적응하고 살기 위해서는 컴퓨터와 같은 기억력이 아니라 적당히 잊어버리는 망각이 필요하다. 이것이 오히려 다행스러운 일이다.

참고자료

1. Luria, A. R. (2007). **모든 것을 기억하는 남자**(박중서 역). 서울: 갈라파고스. (원서는 1968년에 출판).

38. 어떻게 하면 기억을
오래 유지할 수 있을까?

세상으로부터 들어오는 자극을 우리가 의식할 수도 있고 의식하지 못할 수도 있다. 인지는 의식적으로 그리고 무의식적으로 작용한다고 하였다. 기억도 마찬가지이다. 그렇다면 의식한다는 것을 어떻게 알 수 있을까? 의식하는지 아닌지 가장 손쉽게 알 수 있는 방법은 말로 표현하는 것이다. 말로든 글로든 인출할 수 있으면 의식할 수 있는 것이다. 그래서 기억을 자꾸 꺼내면 기억이 오래간다. 그런데 이것을 실천하는 것은 참 쉽지 않다.

요즘 학생들은 눈으로 공부하는 경우가 많다. 물론 책에 밑줄을 긋고 메모도 하지만 이것도 나중에 눈으로만 확인하는 경우가 많다. 사람들은 설명을 들을 때는 다 이해한다고 느끼고 안다고 생각한다. 하지만 아는 것과 실제로 기억하는 것은 차이가 있다. 스스로 안다는 생각이 들면 기억할 것이라는 믿음이 강해진다. 학습한 내용을 설명해 보라고 하면 막상 잘하지 못해 잠시 당혹해하지만 안다는 것에 대한 확신이 쉽게 걷히지 않는다. 이러한 확신은 기억을 오래 유지하는 데 있어서 적이다. 아는 것과 기억하는 것은 다르기 때문이다.

한국보건사회연구원의 「한국 국민의 건강형태와 정신적 습관의 현황과 정책 대응」이라는 2017년 연구 보고서에 따르면, 대략 82%의 한국 사람이 과거의 잘못과 실수 그리고 실패를 반추하거나 일을 시작하기도 전에 잘못되지 않을까 걱정부터 한다고 한다. 부정적인 기억을 자주 반추하는 것은 정서적으로 좋지 않다. 하지만 학습을 할 때 반추하는 습관은 굉장히 좋은 습관이다. 학생들은 자신이 학습한 내용을 차후에 반추해 보면 이해력을 높일 수 있을 뿐만 아니라 과거에 학습한 내용과 더욱 잘 연결시킬 수 있다. 성인들의 경우 자신이 해야 할 일이나 그날 했던 일, 사야 하는 물건 목록 등을 반추해 보면 기억력이 향상된다.

우리는 기억을 오래 유지하기 위해 읽기도 하고 써 보기도 한다. 하지만 들여다보면서 쓰는 것은 기억에 별로 도움이 되지 않는다. 기억을 오래 유지하고 싶으면 보지 않고 기억해 내는 인출 작용이 크게 도움이 된다. 인출의 방법은 다양하다. 스스로 시험을 쳐 볼 수도 있고 말로 설명해 볼 수도 있다. 또한 백지에 써 볼 수도 있다. 기억을 오래 유지하기 위한 대표적인 학습 방법은 바로 테스트이다. 테스트는 과학적으로 효과가 증명된 인출 방법이다. 성적대로 줄 세우기 위한 방편이 아니라면 평상시에 학교에서는 쪽지시험이나 간단한 테스트를 이용하여 학습을 보다 효율적으로 이루어지게 해야 한다. 요즘 자유학기제로 인해 수업을 완전히 등한시하는 경우가 있다고 한다.

학생들이 배운 내용을 정확하고 오래 기억하기 위해서는 자유학기제라 할지라도 간단한 퀴즈를 통해 학생들이 학습 내용을 잊지 않도록 도와줘야 한다. 성적에 반영하기 위함이 아니라 오로지 효율적인 학습이 이루어지도록 돕기 위해서 말이다.

인출을 강조하다 보니 혹시 암기는 필요 없는 것인지 질문하는 사람들이 있다. 암기가 전혀 필요 없다는 말이 아니라, 무작정 암기하는 방식은 기억을 오래 유지하는 데 좋은 방법이 아니라는 말이다. 인출 방법으로는 꼭 테스트가 아니더라도 스스로 설명하기, 요약하기, 질문을 만들고 답하기 등을 이용할 수 있다. 테스트를 포함한 다양한 인출 방법은 아는 것과 모르는 것을 정확하게 파악하게 하며 기억을 더욱 공고하게 하여 시간이 지나도 망각되는 속도를 줄이고 기억을 강화한다.[1]

참고자료

1. 윤은영(2016). **뇌를 변화시키는 학습법**. 대구: 한국뇌기능개발센터.

39. 내가 본 것이 틀림없이 맞는 것 같은데 왜 아닐까?

 기억 속에 저장되어 있는 지식과 정보는 사진 찍듯이 기억되지 않는다고 이미 여러 차례 언급했다. 추상적이고 전체적으로 기억하고 있기 때문에 저장된 정보는 두리뭉실하다. 그런데 우리는 두리뭉실하다고 느끼지 않고 정확하다고 확신한다. 또한 새로운 지식이 들어오고 과거의 기억이 재활성화되면 새로운 지식과 과거의 지식이 섞이게 된다. 지식은 공고한 것 같지만 불안정하다. 우리가 보는 것이 모두 정확하다는 보장은 없다. 뇌는 착각도 하기 때문이다.

 흔히 유도심문을 하게 되면 기억이 왜곡될 가능성이 높아진다. 사람들에게 교통사고 영상을 보여 주고 본 대로 증언하라고 할 때 사고에 대해 잘못된 사실을 유도하는 질문을 하게 되면 증언자의 기억이 왜곡되어 사고와 연관된 세부적 사항을 착각하게 된다.[1] 예를 들어, 차 사고가 일어날 당시 속도를 목격자에게 물을 때 질문 표현에 따라 목격자의 진술이 달라질 수 있다. 단순히 차의 속도를 묻지 않고 '차가 충돌하여 찌그러질 때 속도가 어떠하였니?'로 표현하게 되면 목격자들은 사고 당시 차 속력을 실제보다 더 높게 추정하는 경향이 있다. 심지어 깨지지 않은 유리도 깨졌다고 진술하기도 한다.

　기억을 왜곡하게 만드는 현상은 여러 가지가 있다. 그중 '오보 효과(misinformation effect)'는 우리의 머릿속에 이미 저장된 기억이 그와 관련하여 잘못된 정보를 받게 되면 변질될 수 있다는 것이다. 기억 속에 있던 사실과 새로운 정보가 겹쳐 버리게 되어 사실과 잘못된 정보가 헷갈리게 되거나 새로운 정보로 대체되기도 하고 심지어 거짓 기억이 진짜인 것처럼 더욱 윤색되기도 한다. 또한 개인의 현재 신념이나 지식이 과거의 기억을 왜곡시키기도 하고 경험한 내용과 유사한 경우를 접하게 되면 사람들은 잘못 기억하기도 한다. 유사한 이야기, 이미지, 장소, 시간, 사람 등을 잘못 회상하게 되는 것이다.[2]

　우리는 눈으로 본 것을 확신하는 경향이 있다. 틀림없이 눈으로 확인했는데 아니라고 하면 억울하기 그지없다. 그런데 금방 본 사람도 의외로 알아보기 쉽지 않을 때가 있다. 방금 본 사람을 사진 속에서 찾기가 생각보다 쉽지 않다는 사실을 알려 주는 실험이 있다. 이집트 메누피아(Menoufia) 대학교 메그레야(Megreya) 교수와 영국 글래스고(Glasgow) 대학교 버튼(Burton) 교수의 실험이다.[3] 한 사람이 강의실로 들어와 자연스러운 표정으로 스크린 앞에 30초 동안 서 있다가 나가 버렸다. 그런 다음 학생들에게 스크린을 통해 10개의 사진을 보여 주면서 방금 본 사람을 고르게 하였다. 정확도는 대략 70%였다. 실험 조건을 좀 변경시켜 실제 사람과 10개의 사진을 동시에 보여 주고 같은 사람을 찾게 했더니 대략 68% 정도의 정확도를 보였다. 놀랍게도 동시에 보여 줘도 정확도는 높아지지 않았다. 앞선 실험과 달리 여러 장의 사진에서 고르지 않고 한 장의 사진만 보여 주고 같은 사람인지 파악하는 형식으로 실험을 진행하였다. 이때 정확하게 대조하는 비율이 85%에 좀 못 미쳤다. 이 연구는 사람의 얼굴을 본 후 즉각적으로 재인하거나 동시에 대조하는 실험이지만 실제 범죄 현상과 관련한 기억은 한참 후에 진술하는 경우가 많다. 잘못된 기억으로 인해 엉뚱한 사람이 범인으로 몰리는 일은 없어야 하겠지만 이 실험 결과를 보면 그런 일이 발생할 수도 있다는 것을 알 수 있다.

우리가 정보를 기억에서 끄집어낼 때 보고 들은 당시와 똑같이 회상하면 좋겠지만 기억은 재구성된다. 그래서 종종 뇌에 담길 때와 동일한 정보가 인출되지 않기도 한다. 또한 현재의 생각, 믿음, 기대 등에 의해 과거의 기억이 왜곡되기도 한다. 우리가 본 것이 틀림없는 것 같다는 확신을 저버리는 일이 일상생활에서 비일비재하다.

참고자료

1. Loftus, E. F., & Palmer, J. C. (1974). Reconstruction of automobile destruction: An example of the interaction between language and memory. *Journal of Verbal Learning and Verbal Behavior, 13*, 585-589. doi: 10.1016/S0022-5371(74)80011-3
2. Schacter, D. L. (1999). The seven sins of memory: Insights from psychology and cognitive neuroscience. *American*

Psychologist, 54(3), 182-203. doi: 10.1037//0003-066X.54.3.182

3. Megreya, A. M., & Burton, A. M. (2008). Matching faces to photographs: Poor performance in eyewitness memory (without the memory). *Journal of Experimental Psychology: Applied, 14*(4), 364-372. doi: 10.1037/a0013464

Part 7

인지 이야기:
집행관리기능/메타인지

40. 전두엽의 대표적인 기능은 무엇일까? | 41. 창의성을 어떻게 기를 수 있을까? | 42. 자기 조절 능력은 왜 어릴 때 길러져야 할까? | 43. 메타인지가 무엇일까? | 44. 타인이 하는 것을 보면 쉽게 느껴지는데 막상 하면 왜 어려울까?

40. 전두엽의 대표적인 기능은 무엇일까?

사람들에게 가장 많이 받는 질문 중 하나는 전두엽의 기능에 대한 것이다. 공부를 잘하려면 전두엽이 발달되어야 한다는 이야기가 미디어에 간간이 등장하기도 한다. 결국 전두엽과 공부의 관계 때문에 사람들이 더 관심을 가지고 질문하는 듯하다. 전두엽은 고차원적 사고와 관련된 영역이기 때문에 사람이 태어나면서 가장 늦게 발달하는 영역이다. 이 영역은 사춘기를 거치면서 신경세포들이 솎아지고 청년기를 지나 신경회로가 성인의 단계로 점차 정립된다. 나이가 들면 제일 먼저 노화되는 영역이기도 하다. 가장 늦게 발달하면서 가장 빨리 늙어 간다고 생각하면 된다. 게다가 뇌손상에도 아주 취약한 영역이다.

전두엽은 여러분이 상상하는 것보다 복잡하고 많은 일을 한다. 이것이 손상당했을 때 어떤 증상들이 나타나는지 알면 전두엽이 얼마나 다양한 일을 하는지 이해하는 데 도움이 된다. 물론 전두엽이 뇌에서 차지하고 있는 면적이 넓기 때문에 전두엽 중에서도 어느 영역이 손상되었는지에 따라 나타나는 증상은 다를 수 있다.

전두엽이 손상되면 억제 능력을 다치게 된다. 그래서 같은 행동을 반복하기도 하고 충동적이 되기도 한다. 또한 주의가 자꾸 분산되고 산만하며, 행동을 계획성 있게 하지 못하고 일을 순서대로 배열하거나 조직화하기 어렵다. 동작이나 행동을 선뜻 개시하기 힘들어 머뭇머뭇하기도 한다. 의사결정이 어려우며 작업기억도 떨어진다. 추상적인 사고도 힘들다. 자신의 행동을 모니터링하고 인식하는 데도 문제가 발생한다. 그래서 아는 것과 실제 행동이 전혀 다르게 일어날 수 있다. 사회적인 판단이 어렵고 사회적 관습과 규율에 맞지 않는 행동을 하기도 한다. 과거에 따뜻했던 사람이 냉담해지는 경우도 있다. 다른 일에 무관심하고 정서적인 표현이 줄어들기도 한다. 일에 대한 추진력이 떨어지고 동기를 상실한다. 이 외에도 더 많은 증상이 있지만, 이것만 보아도 전두엽의 역할은 엄청나다.

전두엽과 관련된 기능 중 집행관리기능(executive functions; 집행기능, 실행기능 혹은 관리기능이라 불리기도 함)은 학업 성취도, 사회생활, 직장, 정신적·신체적 건강 등을 예측하는 데 중요한 역할을 한다. 캐나다 브리티시 콜롬비아(British Columbia) 대학교 아델 다이아몬드(Adele Diamond) 교수는 억제 조절(inhibitory control), 작업기억(working memory), 그리고 인지 유연성(cognitive flexibility)을 집행관리기능의 대표적 핵심 기능으로 꼽는다.[1] 학자에 따라 집행관리기능 내에 다른 조직도를 제시하기도 하지만, 다이아몬드 교수가 언급한 이 세 기능은 거의 빠지지 않고 등장한다. 이러한 핵심 기능을 바탕으로 추론, 문제해결 그리고 창의성 등과 같은 기능이 작용한다.

전두엽은 뇌 영역 중 가장 늦게 발달하지만 어릴 때 형성된 집행관리기능의 기반은 성인이 되어서도 삶에 영향을 미친다. 그러므로 가정이나 학교에서 아동의 뇌가 성장해 가는 동안 이러한 기능이 제대로 갖춰지도록 도와주어야 한다. 다이아몬드 교수가 말하는 핵심 기능인 억제 조절, 작업기억, 그리고 인지 유연성 중 어느 기능 하나 중요하지 않은 것은 없다. 이러한 기능들이 고루 발달하는 것이 좋다. 집행관리기능은 가정에서 그리고 유치원이나 학교 커리큘럼을 통해 또한 일상생활에서 길러질 수 있는 능력이다. 하지만 추론, 문제해결 능력을 키우기 위해 어릴 때부터 창의사고력 문제집을 푸는 방법은 별로 바람직하지 않다. 책상 앞에 머리를 파묻어야만 키워지는 능력이 아니기 때문이다. 오히려 다양한 경험을 하는 편이 훨씬 도움이 된다.

참고자료

1. Diamond, A. (2013). Executive functions. *Annual Review of Psychology*, 64, 135-168. doi: 10.1146/annurev-psych-113011-143750

41. 창의성을 어떻게
기를 수 있을까?

집행관리기능에서 굉장히 중요한 기능이 있다. 전두엽의 기능 중 잘 언급되지 않는 기능이기도 하다. 바로 앞서 언급한 인지 유연성이다. 이것은 사물을 여러 가지 각도에서 볼 수 있는 능력 또는 변화나 전환에 쉽게 대응하는 능력이다. 우리가 문제를 해결해야 할 때 문제의 한쪽 면만 보는 것이 아니라 여러 면을 다 고려할 수 있다면 문제의 핵심을 더 잘 파악하고 해결할 수 있다. 또한 해결하는 과정에서 생기는 변화에 잘 대처할 수 있다면 인지 유연성이 높다고 한다. 이러한 인지 유연성은 창의성과 밀접한 관련이 있다.

많은 회사에서는 신기술을 개발하고 회사를 발전시키기 위해 혁신(innovation)을 강조한다. 기존에 가지고 있는 지식을 뛰어넘어 사고의 전환을 통한 변화를 꾀하고자 한다. 이러한 사고의 전환이 이루어지기 위해서 필요한 것은 바로 인지 유연성이다. 사물을 한 각도에서만 바라보면 경직된 사고로 인해 변화를 모색할 수 없다. 돌려 보기도 하고 자르기도 하고 분쇄해 보기도 하고 다양한 방법을 시도하면서 시각을 전환시켜야 한다. 이것은 다양한 경험을 통해 가능하다. 책에서 묘사한 사과 맛과 360도 돌려 본 사과 사진을 아무리 본들 소용없다. 실제 사과를 으깨고 갈고 자르고 맛봐야 길러질 수 있는 능력이다.

요즘 창의성에 대한 논의가 활발하다. 창의성을 대하는 사람들의 생각도 다양하다. 창의성을 논할 때 사람들이 흔히 오류에 빠진다. 창의성이 저 높은 고지에 있는 닿기 어려운 능력이라고 생각한다. 창의성이 있으면 사회에서 성공하는 것으로 생각하거나 에디슨, 아인슈타인, 피카소, 모차르트 등 세계적으로 유명한 사람의 창의성 정도는 되어야 하는 것으로 착각한다.

창의성은 개인차가 존재하나 누구나 가지고 있다. 제대로 개발되지 않아 여러분의 뇌 안에 잠자고 있다. 기본적으로 누구나 창의성을 가지고 있지만 묻혀 있는 보물이 발굴될 수 있느냐가 관건이다. 요즘 아이들은 창의성을 키우기 위해 학원에 다닌다. 누군가에게 배워서 모든 것을 해결하려고 한다. 심지어 대학생들도 학과를 제대로 따라가지 못한다고 생각되면 학원 혹은 과외를 해서 배워 오겠다고 한다. 많은 사람이 대학이나 대학원에 가서 강의를 들으면 지식이 쌓인다고 생각한다. 천만의 말씀이다. 강의만 듣는다고 지식이 쌓이고 창의성이 개발되는 것은 절대 아니다. 이렇게 쌓는 지식은 자신의 지식이 될 수 없다. 박사 학위를 받아도 스스로 연구하는 능력이 없으면 여전히 창의성은 잠자고 있는 것이다.

또한 사람들이 쉽게 하는 착각은 많은 지식을 쌓아야 창의성이 나올 수 있다고 생각하는 것이다. 암기라도 해서 지식을 쌓은 후에 창의성이 개발될 수 있다고 여긴다. 물론 무에서 유를 창조하는 것은 아니지만 창의성은 지식의 많고 적음에서 기인하지 않는다. 당연히 여러 방면으로 박식하면 도움이 되겠지만 아는 것이 별로 없어도 있는 것만으로도 잘 활용할 수 있는 것이 창의성의 바탕이다. 하나를 알고 있더라도 자신이 가진 것을 제대로 이용하는 것이다. 경험을 통해 지식을 공고히 하는 것이 창의성을 개발하는 데 중요한 자산이 될 수 있다. 적은 지식으로 시작하더라도 점점 창의적인 생각을 적용하다 보면 관련 지식을 찾아보게 되고 학습하게 된다. 창의성은 지식으로 가는 길을 열어 줄 수 있다. 그래서 적은 지식에서 시작한 창의성은 결국 더 많은 지식을 자연스럽게 쌓게 한다. 그러므로 지식을 쌓은 다음에 창의성을 개발하려고 하면 오히려 실패하게 된다.

다음의 예를 살펴보자. 어떤 사람이 사과를 세 개 가지고 있었다. 또 다른 사람은 한 개를 가지고 있었다. 사과 세 개를 가진 사람은 책에서 읽은 대로 사과 맛을 느끼기 위해 자신의 사과를 홀라당 다 먹어 버렸다. 그리고 그 사람은 사과 맛이 책에서 알려 주는 대로 정말 상큼하고 맛있다는 것을 알았다. 사과를 한 개 가진 사람은 하나를 가지고 어떻게 할까 생각해 봤다. 그리고 사과를 한 입 베어 먹어 보고, 으깨 보고, 냄새를 맡아 보고, 쪼개 보았다. 마지막에는 씨가 나왔다. 주변 사람에게 씨를 어떻게 해야 하느냐고 물어보았더니 심으면 사과나무가 된다고 하였다. 그 씨를 화분에 심었다. 해가 바뀌고 바뀌어 사과나무를 얻었다. 어떤 사람이 창의적일까? 사과를 세 개 가지고 있어도 사용하는 방법에 따라 얻을 수 있는 것은 제한적이다. 사과를 한 개 가지고 있어도 방법에 따라 많은 것을 얻을 수 있다. 많은 사람이 창의성은 지식의 양에 좌우된다고 말들 한다. 하지만 창의성이 항상 지식의 양에 좌우되는 것은 아니다. 특히 창의성 개발은 지식의 양으로 시작하지 않는다.

창의성을 개발하는 방법은 의외로 간단하다. 하지만 시간이 좀 걸린다. 간단하지만 오랫동안 몸에 배도록 훈련하는 것이 필요하다. 책상에 앉아서 책을 보면서 하는 훈련과는 전혀 다르다. 창의성 개발에 가장 효과적인 방법을 꼽으라면 3가지를 들 수 있다. 첫째, 인지 유연성을 길러야 한다. 둘째, 하나를 알더라도 제대로 알아야 한다. 적당하게 아는 것은 아무런 도움이 되지 않는다. 지식도 제대로 푹 소화하고 자신의 경험도 제대로 느낄 수 있어야 한다. 그래야 다른 곳에 응용할 수 있다. 셋째, 자신을 잘 표현할 수 있어야 한다. 자신을 표현할 수 있는 능력은 참으로 중요하다. 실제로 이 능력을 키우는 일은 습관화되지 않으면 어렵다. 어릴 때부터 몸에 배면 좋다. "우리 아이는 하고 싶은 것 다 표현하고 자기 의견도 잘 이야기합니다!"라고 부모님들이 항변한다. 그런데 아이를 만나 보면 자신을 잘 표현하는 아이들이 그리 많지 않다. 배운 지식을 발표하고 설명하는 것이 다가 아니다. 그것은 일부분에 지나지 않는다. 창의성의 발로는 자신을 표현하는 것이다. 자신이 느끼고, 배우고, 사고하는 것을 다양한 관점에서 바라보고 표현하고 실생활에 이용할 수 있다면, 창의성은 조금씩 조금씩 자신의 외부로 나타나게 된다.

42. 자기 조절 능력은
왜 어릴 때 길러져야 할까?

　자신이 원하는 무엇인가를 성취하는 과정에는 보고 싶어도, 듣고 싶어도, 하고 싶어도 참거나 버려야 하는 것들이 있다. 시간도 걸린다. 잘하고 있는지 점검도 해 가면서 애도 써야 한다. 넘어야 할 산도 있다. 하나를 넘었더니 다른 하나가 또 나타난다. 끝이 없는 길을 걷는 것 같고 어둠 속의 터널을 걷는 것 같다. 이것을 지나야 원하는 바를 이룰 수 있다면 이 과정에서 스스로를 조절하는 자기 조절(self-regulation) 능력이 필요하다.

　어른들은 가끔 이런 말을 한다. "아이들이 뭘 안다고 그래. 그냥 두면 저절로 다 알게 돼." 하지만 어릴 때 자신을 조절하는 습관을 길러 주는 것은 삶의 근본을 길러 주는 것과 같다. 특히 부모의 양육 방법은 아동의 자기 조절 능력 향상에 큰 역할을 한다.[1] 미국, 영국, 뉴질랜드, 캐나다 연구팀이 1,000명의 아동을 대상으로 자제력이 미래의 삶에 미치는 영향을 약 30년간 조사했더니 어릴 때의 자제력은 성인이 되었을 때 건강, 약물 의존성, 재정 상태, 범죄를 예견하는 지표가 될 수 있다고 한다.[2] 자제력은 자기 조절 능력에 포함되는 개념이다.

어릴 때 자신의 만족을 지연시킬 수 있는 자제력이 성인이 된 이후의 삶에도 영향을 미친다는 사실은 잘 알려져 있다. 대표적인 실험이 마시멜로 테스트이다([그림 42-1] 참조). 실험자는 만 4세의 아동에게 눈앞에 있는 마시멜로를 자신이 돌아올 때까지 먹지 않고 참으면 한 개를 더 먹을 수 있다고 알려 주었다. 그리고 실험실을 나간 다음 15분 정도가 지난 후 다시 왔을 때 아동이 먹지 않고 참았을 경우 또 하나의 마시멜로로 보상해 주었다. 불과 15~20분 정도의 시간이지만 아이들에게 기다림은 쉽지 않다. 특히 눈앞에 놓여 있는 마시멜로를 보면서 참는 것은 정말 힘든 일이다. 하나를 더 얻을 수 있다는 만족감을 얻기 위해 참는 일은 어른이나 아이나 쉽지 않은 일이다. 그런데 만 4세경에 자신을 조절할 수 있는 능력은 성장하면서 학교 성적, 자신감, 주의력, 계획 능력, 일의 능숙도, 직업 그리고 건강 등 삶의 전반에 영향을 미친다.

40년이 지난 후 마시멜로 테스트에 참여했던 아동을 추적 연구하였더니 어릴 때 자제력을 발휘했던 아동들은 자제력이 낮은 아동들에 비해 성인이 되어서도, 억제와 관련된 뇌 영역에서 활성화 수준이 높았다. 우측 하전두회(inferior frontal gyrus)라는 영역은 억제해야 할 때 활성화되는 영역이다. 이 실험에서도 자제력이 높은 그룹이 자제력이 낮은 그룹에 비해 우측 하전두회가 더 많이 활성화되었다.[3]

불과 3세에서 5세 정도 아동의 자제력이 미래의 삶을 대략적으로 예측할 수 있다고 하나, 그들의 미래를 미리 단정하고 낙인찍어서는 안 된다. 뇌는 경험과 환경에 따라 변할 수 있기 때문이다. 그렇다고 없던 조절력이 저절로 생기는 것은 아니다. 성장하면서 조금씩 획득되는 부분도 있지만 어릴 때 이러한 능력을 갖추도록 교육하지 않으면 어른이 되어 조절하기가 더 어려워진다. 유아기에는 한글, 영어, 산수를 잘하는 능력보다 이러한 조절 능력이 형성되는 것이 중요하다. 어릴 때 길러진 자기 조절 능력은 성인이 되어서도 영향을 끼치기 때문이다. 가정에서도 학교에서도 교육을 통해 조절력을 키워 주는 것이 바람직하다.

지금까지 자기 조절 능력과 인지는 따로 연구되어 왔다. 하지만 최근 연구들에 따르면, 자기 조절 능력은 집행관리기능과 밀접한 관련이 있다. 뇌에서 자기 조절 영역은 작업기억력과 관련한 외측전전두(lateral prefrontal) 영역, 보상 시스템과 관련한 복내측전전두피질(ventromedial prefrontal cortex), 그리고 갈등을 모니터링하고 조절, 억제하는 기능과 관련한 전측대상피질(anterior cingulate)을 포함한다.[4] 이들은 집행관리기능의 핵심 영역들이다.

성인인 우리도 감정이 폭발하거나 욕구를 조절할 수 없어서 주체하지 못할 때가 있다. 주변에 아무것도 보이지 않고 오직 감정 혹은 욕구만으로 꽉 차 버린다. 스트레스를 너무 많이 받거나 육체적·정신적으로 고단해도 감정이 북받치거나 스스로를 조절하지 못한다. 미친 듯이 먹거나, 게임에 빠져들거나, 술을 먹고 현실을 피하고자 한다. 이러한 방법은 정작 문제를 해결하지 못한다. 더 어렵게 만들 뿐이다. 자신을 난관에서 꺼낼 사람은 결국 본인이다. 어릴 때부터 자기 조절 능력을 조금씩 키우다 보면 현재 욕구나 감정을 적극적으로 인식하고, 행동을 억제하며, 해야 하는 일에 주의를 골고루 배분할 수 있게 된다. 성인이 되어 어려움에 봉착했을 때 좀 더 지혜롭게 이겨 나갈 수 있다. 지금 자라나는 세대에게 교육해야 되는 것은 바로 이러한 능력이다.

참고자료

1. Bernier, A., Carlson, S. M., & Whipple, N. (2010). From external regulation to self-regulation: Early parenting precursors of young children's executive functioning. *Child Development, 81*(1), 326-339. doi: 0009-3920/2010/8101-0021

2. Moffitt, T. E., Arseneault, L., Belsky, D., Dickson, N., Hancox, R. J., Harrington, H., … Caspi, A. (2010). A gradient of childhood self-control predicts health, wealth, and public safety. *Proceedings of the National Academy of Sciences, 108*(7), 2693-2698. doi: 10.1073/pnas.1010076108

3. Casey, B. J., Somerville, L. H., Gotlib, I. H., Ayduk, O., Franklin, N. T., Askren, M. K., … Shoda, Y. (2011). Behavioral and neural correlates of delay of gratification 40 years later. *Proceedings of the National Academy of Sciences, 108*(36), 14998-15003. doi: 10.1073/pnas.1108561108

4. Kelley, W. M., Wagner, D. D., & Heatherton, T. F. (2015). In search of a human self-regulation system. *Annual Review of Neuroscience, 38*, 389-411. doi: 10.1146/annurev-neuro-071013-014243

마시멜로 테스트

내가 돌아올 때까지 앞에 놓인 마시멜로를 먹지 않고 참으면 너는 마시멜로를 하나 더 상으로 받을 수 있단다. 참지 못하고 먹어 버리면 하나를 더 받을 수 없어.

아… 먹고 싶다… 먹을까? 말까?

15~20분이 지나는 동안

참는 아동

먹는 아동

눈앞의 유혹은 참기 힘들다. 만 4세 아동이 마시멜로 하나를 더 얻기 위해 참을 수 있는 능력은 성장하면서 학업성취도, 자신감, 주의력, 기술의 습득뿐만 아니라 성인이 된 이후에도 사회적 지위, 건강, 일의 능숙도 등 삶의 전반에 영향을 미친다.

그림 42-1

43. 메타인지가 무엇일까?

　메타인지(metacognition)는 우리가 익숙하지 않은 용어이다. 사전을 찾아보면 '자신의 정신적 처리 과정에 대한 사고'라고 정의한다. 쉽게 이해할 수 있는 말은 아니다. 메타인지는 자신이 안다는 것을 아는 것이고 이러한 인지 처리 과정을 감찰하고 조절하는 기능도 한다. 즉, 자신이 학습하거나 경험하거나 행동하는 내용을 아는 것이고, 잘못 알고 있는 내용을 바로잡고, 지식을 습득·적용하는 방법에 문제가 있다고 판단했을 때 방법을 바꿀 수 있도록 감찰하고 조절하는 기능을 한다. 미국의 발달심리학자인 존 플라벨(John Flavell)은 메타인지를 '상위 수준의 인지'라고 일컬었다. 자신이 아는 것을 알고 감찰할 수 있을 정도라면 인지 중에서도 높은 수준일 것이라 누구나 짐작할 수 있다.

　그런데 메타인지는 항상 정확하게 작동하는 것은 아니다. 착각도 한다. 내가 분명하게 알고 있고 아는 내용이 확실하다고 철석같이 믿고 있지만 틀린 정보를 저장하고 있는 경우도 있다. 그리고 분명히 학습된 내용이라고 생각했지만 학습이 제대로 이루어지지 않는 경우도 있다. 메타인지가 항상 정확한 것이 아니라는 사실은 실험으로 많이 증명되었다. 사람들에게 작은 소리 혹은 큰 소리로 단어를 들려주면 큰 소리로 들려진 단어를 더 잘 기억할 것이라고 기대한다. 하지만 작게 들으나 크게 들으나 기억은 그다지 차이 나지 않는다.[1] 또한 작은 글씨로 쓰여진 단어보다 큰 글씨로 쓰여진 단어를 더 잘 학습할 것이라 기대하지만, 이 경우도 마찬가지로 글씨의 크기는 사람들의 기억에 영향을 미치지 않는다.[2] 사람들은 주어진 단어가 크게 들리거나 크게 쓰여지면 단어를 더 잘 기억할 것이라고 착각한다. 바로 메타인지가 착각하는 것이다. 이러한 착각을 줄이고 메타인지의 정확성을 높이게 되면 우리가 하고 있는 일이나 학습을 더 잘할 수 있게 된다.

메타인지의 정확도를 가장 쉽게 높이는 방법은 자신이 알고 있는 것을 실제로 인출하여 확실히 알고 있는지를 확인하는 방법이다. 인출하지 않고 머릿속으로만 대충 생각하면 메타인지는 착각 속에 빠질 가능성이 높다. 계획을 잘 세우고 실천하는 사람은 자기 조절 능력도 뛰어나지만 자신이 하루에 혹은 정해진 기간 내에 성취할 수 있는 정도를 똑바로 판단하기 위해 피드백을 한다. 이러한 피드백 작업은 메타인지의 정확성을 높인다. 공부를 예로 들면, 공부를 한 뒤 무엇을 아는지 모르는지 명확하게 파악하게 되면 메타인지의 정확성은 높아진다. 실제로 머릿속에 학습된 정도와 어느 정도 학습했는지 스스로 느끼는 정도가 별로 차이가 나지 않게 된다. 공부를 대충 했을 때는 오히려 자신이 가진 지식에 대해 엉뚱한 자신감만 생긴다. 메타인지의 정확도가 떨어진다.

왜 인간의 뇌에는 메타인지기능이 필요할까? Part 6 '인지 이야기: 기억'에서 인간의 뇌에서 표상되는 기억은 그다지 구체적이지 않다고 했다. 기억은 우리가 상상하는 것보다 훨씬 두리뭉실하게 저장된다. 본인이 느끼기에는 정말 선명하고 분명한데도 불구하고 뇌에서 일어나는 저장 방식은 사진과 같지 않다. 게다가 새로운 지식이 뇌로 들어와 기억에 저장되면 과거의 지식과 혼합되고 지식은 업데이트된다. 이 과정에서 기억은 불안정하다. 또한 새로운 기억이 과거의 기억을 방해하기도 하고 과거의 기억이 새로 들어오는 기억을 헷갈리게 만들기도 한다. 이러한 기억 방식 체계로 인해 우리는 착각을 일으키기도 하고 잘못된 기억이 저장되기도 한다. 우리의 지식 체계는 결국 바로잡아 줄 수 있는 무엇인가가 필요하다. 그것을 바로 메타인지기능이 할 수 있다.

그러면 인공지능에도 이러한 기능이 필요할까? 현재 컴퓨터와 같은 저장 방식에서는 이러한 기능이 필요 없다(Part 11 '인지의 응용: 인공지능' 참고). 컴퓨터는 기억을 정확하게 구체적으로 저장하기 때문이다. 아주 미세한 사항까지도 정확하게 저장할 수 있다. 그렇기 때문에 메타인지가 굳이 필요할 이유가 없다. 다만 기술이 상상할 수 없을 만큼 발달하고 인간의 기억의 표상 방법이 드러나 인공지능이 인간의 기억 저장 방식과 처리 과정을 따르도록 설계된다면 그때는 인공지능 나름의 메타인지기능이 필요할지도 모르겠다. 인공지능에서는 구현하기 힘든 기능일까? 천만의 말이다. 신경망 설계가 발달하고 인지에 대한 비밀이 풀릴수록 우리는 인공지능의 한계를 생각하기가 어려울 것이다.

참고자료

1. Rhodes, M. G., & Castel, A. D. (2009). Metacognitive illusions for auditory information: Effects on monitoring and control. *Psychonomic Bulletin & Review, 16*(3), 550-554. doi: 10.3758/PBR.16.3.550

2. Rhodes, M. G., & Castel, A. D. (2008). Memory predictions are influenced by perceptual information: Evidence for metacognitive illusions. *Journal of Experimental Psychology: General, 137*(4), 615-625. doi: 10.1037/a0013684

44. 타인이 하는 것을 보면 쉽게 느껴지는데 막상 하면 왜 어려울까?

바둑판에 가면 중간에 훈수를 두는 사람이 있다. 훈수 두는 사람에게는 양쪽의 수가 눈에 확 들어오기 때문에 정작 바둑 두는 사람이 엉뚱한 곳에 알을 놓으면 속이 터진다. 게임에 임하는 사람들 눈에는 뵈지 않고 훈수를 두는 사람 눈에만 쏙 들어오기 때문에 훈수를 잘못 됐다가 결국 바둑판을 뒤집는 일까지 발생하기도 한다. 훈수를 두는 사람도 막상 자신이 게임에 임하게 되면 똑같은 입장이 된다. 훈수를 둘 경우 양쪽 판세에 골고루 주의를 기울이고 분석할 수 있지만 본인이 게임을 하게 되면 자신의 수에 더 집중하게 되기 때문에 전체적인 판세와 타인의 수에 대한 예측이 정확하게 보이지 않게 된다. 너무나 자연스러운 현상이다.

남들이 골프를 치거나 악기를 다루거나 공부하는 것을 보면 별로 어려울 것 같지 않다. 특히 상대방의 실력이 그다지 뛰어나다는 생각이 들지 않으면 '내가 해도 저 정도는 하겠다.'는 생각이 든다. 왜냐하면 그것은 본인의 지식이나 행동이 아니기 때문이다. 시험을 준비할 때 책을 넘겨 보면 내용이 좀 어렵더라도 열심히 하면 그다지 오래 걸리지 않을 것 같다. 그래서 하루에 많은 양을 무리하게 해치울 수 있을 것이라 계획을 세운다. 그런데 막상 해 보면 몇 장 넘어가지 않는다. 시험 날짜나 프로젝트 마감 시간이 임박하면 마음만 바빠지고 미리미리 준비를 했어야 하는 후회감이 팍팍 든다. 내 지식이 아니거나 지식을 쌓지 않은 단계에서는 금방 뭔가 이룰 수 있을 것 같이 느껴지지만 직접 해 보면 그렇지 않다.

뇌가 내리는 판단이 항상 정확한 것은 아니다. 특히 자신이 경험하지 않은 부분은 잘못 판단할 가능성이 커진다. 남이 하는 것을 보면 쉽게 될 것 같아도 자신이 직접 하는 것은 어렵기 때문이다. 또한 남이 하는 것은 타인의 기술이지 나의 기술은 아니다. 그래서 감찰하고 조절할 수 있는 메타인지가 제대로 판단하고 평가하지 못한다. 자신이 직접 해 봐야 기술이나 지식의 습득 과정을 제대로 모니터링하고 평가할 수 있다.

우리가 새로운 것을 학습하고 배울 때 전전두엽(prefrontal lobe)은 중요한 역할을 한다. 새로운 것을 습득하기 위해서 전전두엽은 열심히 활동한다. 하지만 연습에 연습을 거듭하여 정말 잘하게 되었을 때는 전전두엽의 역할은 줄어든다. 반응이 이미 자동화되었기 때문이다. 이때는 처음 배울 때보다 주의력이 많이 요구되지 않고 많이 힘들지 않다. 이러한 수준에 도달해 있는 사람들은 남들이 어렵게 하고 있는 것을 보면 이해가 되지 않는다. 익숙한 사람이 보기에는 쉬운 것을 낑낑대고 있으니 말이다. 높은 수준에 도달하기 위해 정작 자신이 했던 노력과 수많은 세월은 온데간데없는 것처럼 여기고 현재 상태에서 판단한다.

　부모가 자식에게 공부를 가르치기는 참 힘들다. 부모 입장에서 자식이 공부하는 것을 볼 때 제대로 학습하지 못하면 슬그머니 부아가 치밀어 오른다. 잘하지 못하는 것만 보이고 소리가 저절로 높아지고 손이 올라가기도 한다. 눈물, 콧물 흘리며 싸움으로 끝날 때가 많다. 어른들이 보기에 아이들은 가르쳐 주는 대로 쏙쏙 받아들일 것 같지만 그렇지 않다. 어른들도 지식을 얻고 배우는 데 엄청나게 많은 시간을 보냈다. 저절로 습득한 것이 아니다. 현재 자신의 지식 상태에서 판단하다 보니 어른들에게는 쉬워 보이는 듯해도 충분히 학습되지 않은 아이들에게는 새로운 지식이나 기술의 학습은 어렵다. 어떤 지식이든 어느 수준에 도달하기 위해서 연습 또 연습하는 수밖에 없다. 노력 없이 되는 것은 없다. 그런데 이미 그런 지식을 습득한 사람들은 기다려 주지 않으려고 한다. 자신의 메타인지로 판단해 볼 때 그다지 어렵게 보이지 않기 때문이다. 보는 것은 쉬워도 직접 하는 것은 어렵다는 사실을 고려할 필요가 있다.

그림 44-1

Part 8

인지 이야기:
사회성과 정서

45. 갓난아이가 타인과 눈을 맞추는 행위가 왜 중요할까?

　사람의 눈과 눈을 맞추는 행위는 사회성 발달을 측정하는 데 중요한 단서이다. 이러한 측면 외에도 눈의 움직임 측정은 인지기능을 연구하는 데 빈번하게 사용되는 과학적인 방법 중 하나이다. 상대방과 눈을 맞추는 행위는 아주 어릴 때부터 시작된다. 갓난아기를 대상으로 한 재미있는 실험이 있다. 태어난 지 2~5일 이내의 영아 17명에게 얼굴 사진을 보여 주었다. 하나는 사진 속 인물이 똑바로 쳐다보는 사진이었고, 다른 사진에는 눈동자가 곁눈질하듯이 옆을 향하고 있었다([그림 45-1 참조]). 영아들은 어떤 사진을 더 오래 쳐다볼까? 당연히 자신과 서로 눈동자를 맞대고 있는 듯한 사진을 더 오래 쳐다본다. 또한 4개월 된 영아를 대상으로 뇌파 검사를 하였더니 눈을 마주보듯 서로 똑바로 쳐다보는 조건에서 시각피질이 더 민감하게 반응하였다.[1] 눈동자가 어디를 응시하는지, 어떻게 움직이는지는 상대방의 의도를 읽거나 마음을 알아채는 데 중요한 단서가 될 수 있다. 결국 이는 사회성 발달과 관련된다.

공포스러운 상황을 맞이하게 되면 눈이 커지면서 흰자위가 더 많이 드러난다. 이때 흰자위는 사회적 교류에서 오는 정서를 탐지할 수 있는 단서가 된다. 어린 아기도 눈에서 전달되는 이런 단서에 주의를 기울일 수 있다. 심지어 눈 전체가 아닌 흰자위만 보여지더라도 그리고 의식적으로 처리되지 않도록 0.05초 동안 빠르게 제시되었다가 사라져도 이러한 정서적 단서는 무의식적으로 처리된다. 7개월 된 영아에게 공포스러운 감정을 담은 눈에서 추출한 흰자위와 행복한 눈에서 추출한 흰자위를 강조한 눈 그림을 재빨리 보여 주면서 뇌파를 측정하였더니 흰자위의 크기(정서적 단서)에 따라 반응이 구별되었다.[2] 태어난 지 얼마 되지 않은 영아도 이렇듯 눈동자의 응시 방향이나 흰자위와 같은 사회적·정서적 단서에 선택적으로 반응할 수 있으며, 점점 성장할수록 이러한 능력이 사회적·정서적 기능 발달에 바탕이 되는 것이다.

인지신경과학에서 눈의 움직임을 중요하게 생각하는 이유는 또 있다. 눈동자가 특정 사물에 머무르는 시간이나 움직임은 상당 부분 주의력과 연관된다. 눈동자가 움직이는 방향으로 주의력이 함께 간다고 생각하기 때문이다. 주의력과 눈의 움직임이 일치하지 않는 경우도 있다. 예를 들어, 엄마가 아이를 혼낼 때 텔레비전을 틀어 놓으면 아이는 당연히 소리 나는 곳으로 주의를 돌린다. 텔레비전을 보면 엄마한테 혼날까 고개는 돌리지 못하고 눈은 엄마를 보고 있어도 주의는 텔레비전으로 가 있다. 하지만 통상적으로 어린아이를 연구할 때 외부적으로 나타나는 아이의 눈동자의 움직임은 주의력과 밀접한 관계가 있기 때문에 눈의 움직임으로 아이의 주의가 어디를 향하고 있는지 추정한다. 외부적으로 나타나는 행동을 통해 아동의 내부에서 일어나는 주의도 유추하고 이해할 수도 있다. 그렇기 때문에 눈동자의 움직임은 사회성뿐만 아니라 주의력과 같은 인지기능을 추정하는 데도 중요하다.

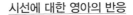

시선에 대한 영아의 반응

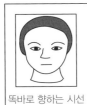
똑바로 향하는 시선

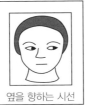
옆을 향하는 시선

생후 5일 이내 영아에게 두 종류의 얼굴 사진을 보여 주었다. 두 사진은 같은 사람으로 하나는 시선이 정면을 향했고 다른 하나는 시선이 옆을 향했다. 그런 다음 사진을 쳐다보는 영아의 반응을 모니터링했다. 영아는 시선이 옆을 향한 얼굴에 비해 똑바로 쳐다보는 얼굴 쪽을 쳐다보는 횟수가 더 많았고 더 오랫동안 쳐다보았다.[1]

── 그림 45-1 ──

참고자료

1. Farroni, T., Csibra, G., Simon, F., & Johnson, M. H. (2002). Eye contact detection in humans from birth. *Proceedings of the National Academy of Sciences, 99*(14), 9602-9605. doi: 10.1073/pnas.152159999

2. Jessen, S., & Grossmann, T. (2014). Unconscious discrimination of social cues from eye whites in infants. *Proceedings of the National Academy of Sciences, 111*(45), 16208-16213. doi: 10.1073/pnas.1411333111

46. 사람의 얼굴 표정, 몸짓과 같은 사회적 신호는 왜 중요할까?

갓 태어난 아기는 엄마의 목소리에 반응하고 또한 언어에 반응한 다. 이런 현상을 보면 언어는 본능이 아닐까 생각해 본다. 인지과학 자인 스티븐 핑커(Steven Pinker)는 『언어본능(The language instinct)』이라는 저서에서 인간에게 언어 능력은 본능적이고, 언어에 대한 보편적 요소가 뇌 안에 이미 내재되어 있으며, 이러한 보편적 문 법은 인간이 살아가는 사회에서 사용하는 언어로 자연스럽게 선택되 고 적응하게 된다고 주장한다. 하지만 우리에게 언어가 본능이냐 아 니냐에 대한 논쟁은 여기에서 중요하지 않다. 인간은 엄마 배 속에서 부터 언어를 듣고 자라난다. 태어난 이후에는 사방에서 들려오는 말 소리와 입 모양을 통해 말을 배우기 시작한다. 가르쳐 주지 않아도 모방을 통해 스스로 습득한다. 말을 하고 타인과 의사소통을 할 수 있는 능력은 인간을 둘러싸고 있는 언어 환경과 언어 경험을 통해 인지적 처리 과정을 거쳐 학습한 결과이다.

야생에 버려져 늑대나 유인원의 품에서 자란 아동이 우연히 발견된 사례들을 살펴보면 그들이 인간 사회로 돌아와 언어와 사회적 행동을 배우지만 제대로 습득하지 못한다. 인간 사회로 들어와 오래 살아도 자신을 양육한 동물의 걸음걸이로 걷고 울부짖기도 한다. 배워야 할 결정적 시기를 놓쳐 버리고 사회와 격리되어 살아와 언어를 학습할 기회도, 사람들과 감정과 정서를 공유할 기회도 놓쳐 버렸다. 뒤늦게 다시 배우려 해도 되지 않는다. 물론 이 예는 극단적인 경우이다. 언어가 본능이라 할지라도 결정적 시기를 놓쳐 버리면 저절로 학습되지 않는다. 사회적인 소통도 적절한 시기에 배우지 않으면 결국 다시 습득하려 할 때는 너무 어렵다.

현재 우리 사회는 책상에 앉아서 하는 공부만 학습이라고 여기는 경향이 있기 때문에 언어가 아닌 사회적 신호를 접하고 해석하고 반응하는 것은 별로 중요하게 생각하지 않는 듯하다. 우리가 경험해야 하는 사회적 신호는 얼굴 표정, 몸짓, 태도, 목소리 톤 등 다양하다. 언어를 제외한 신호를 비언어적 신호라고 하는데, 사회적 신호는 비언어적 신호에 포함된다. 그러므로 인간이 이러한 신호를 받아들이고, 파악하고, 대응하는 능력은 사회성 발달에 있어서 기본이다. 언어만이 타인과의 소통에 기여하는 것이 아니라 이런 사회적 신호를 통해 타인의 마음을 읽고 공감하기도 한다.

요즘 텔레비전을 보면 가끔 걱정스러울 때가 있다. 특히 아이들이 많이 보는 예능 프로그램을 보면 그렇다. 아예 감정과 상황을 마음대로 속단하고, 편집하는 사람 마음대로 자막 처리해 버린다. 프로그램에 등장하는 인물이 실제로 그런 감정을 느꼈는지 아닌지 정확하지 않다. 다양하게 해석될 소지가 있는 장면도 단정적인 언어로 표현해 버린다. 언어에 익숙한 아이들은 등장인물이 주는 사회적 신호보다 자막 처리되는 언어에 집중하게 된다. 그것이 쉽고 재미있기 때문이다. 사회적 신호에 자꾸 노출되지 않으면 상대방의 마음을 읽고 감정을 공유하는 능력 그리고 사회적 신호를 분별하고 해석할 수 있는 능력이 미숙해진다.

아이의 사회성 발달에 문제가 있다고 여기는 부모들이 흔히 상담자에게 하는 말이 "얼굴을 잘 쳐다보지 않고 사람과 눈을 잘 맞추지 않아요."이다. 이 말은 아이의 사회성 발달에 문제가 있는지 파악할 수 있는 근거가 된다. 타인과 소통하기 위해서는 눈을 마주치고, 얼굴에서 오는 표정을 읽고, 목소리 톤을 낮추는지 높이는지, 어떤 제스처를 취하는지 이들의 의미를 파악하는 것이 필수이다. 이런 능력이 손상되었을 때 타인과의 교류나 감정 처리에 문제가 발생할 수 있다. 우리는 글자에서만 지식을 배우는 것은 아니다.

47. 사이코패스의 뇌는
정상인과 다를까?

　범죄 드라마나 영화를 보면 사이코패스가 등장한다. 그들의 살인은 정말 무섭다. 살인을 저지르고도 전혀 잘못한 줄 모른다. 드라마에 나오는 사이코패스는 항상 살인이나 강간 등 범죄를 저지른다. 그러나 사이코패스 성향을 지녔다고 해서 모두 살인이나 강간을 저지르지는 않는다. 보통 사이코패스 성향을 지닌 사람들은 자신이 원하는 것을 쟁취하기 위해서 거짓말을 쉽게 하고 교묘하게 상황을 조작하기도 한다. 행동은 충동적이고 대담하여 반사회적 행동을 서슴지 않고 할 수 있다.

　사이코패스는 타인에게 해를 가해도 죄책감을 느끼지 않는다. 타인의 아픔을 공감하지 못하고, 양심의 가책을 느끼지 못하고, 자기중심적이다. 그래서 겁에 질린 피해자의 모습을 보아도 냉담하다. 2001년에 영국 런던(London) 대학교의 블레어(Blair) 교수를 비롯한 연구팀이 사이코패스 성향을 띠는 아동(평균 약 13세)과 그렇지 않은 아동에게 얼굴 표정을 인식하게 하는 실험을 했다. 컴퓨터 스크린에 보여진 무표정한 얼굴이 6가지 얼굴 표정(슬픔, 기쁨, 화남, 역겨움, 공포, 놀람)으로 점점 변할 때 아동들은 표정의 변화를 알아채야 했다. 사이코패스 성향을 띠는 아동은 공포나 슬픈 표정을 인식하는 능력이 정상 아동보다 떨어졌다. 특히 공포스러운 표정의 경우 많은 오류를 범하였고 제대로 판단하지 못했다.[1] 사이코패스 성향은 유전적·환경적 요인이 복합적으로 작용한 결과라고 알려져 있다. 오랜 기간 추적 조사를 통해 최근 발표된 종단연구를 살펴보면 청소년기의 사이코패스 성향은 성인이 되어서도 지속되는 경향이 있다고 한다.

그렇다면 사이코패스의 뇌는 다를까? 뇌 안에 있는 편도체라는 곳은 정서적 자극에 반응하고 그것을 학습하고 기억하는 등 정서적 자극을 처리하는 일에 핵심적 역할을 한다. 편도체는 복내측전전두피질(ventromedial prefrontal cortex)과 긴밀히 소통한다. 이들 영역은 도덕성과 관련이 있으며, 도덕적인 추론이나 도덕성과 관련한 의사결정에 개입한다. 사이코패스의 경우 특히 이들 영역이 제대로 작동하지 않는다.[2] 그래서 일반인이 느끼기에 불쾌하고 혐오스러운 상황이 사이코패스에게는 그렇지 않을 수 있다. 정상적인 사람이라면 혐오감을 유발하는 극한 행동을 하지 않도록 도덕적 사고를 하고 자신의 행동을 결정한다. 반면, 사이코패스는 도덕적 추론을 제대로 하지 못하고 반사회적 행동까지 이르게 된다. 정서와 도덕적 사고, 판단에 결정적 역할을 하는 뇌 영역에 문제가 있기 때문이다. 그렇다면 이 영역의 손상이 사이코패스인지 아닌지를 가려 줄 수 있을까? 가능하다면 미리 사이코패스로 분류하여 특별관리에 들어가 범죄를 예방하는 데 도움이 될 것이라고 생각하는 사람도 있을 것이다.

2015년에 법원에서는 팔달산 토막살인 사건 범인이 사이코패스인지 이화여자대학교 뇌융합과학연구원에 감정을 의뢰하였다. 뇌 이상으로 살인 충동을 억제할 수 없다는 소견이 법정에서 채택되면 형을 결정짓는 데 영향을 미칠 수 있다고 한다. 뇌과학의 발달과 더불어 뇌영상촬영 기술이 진일보하면서 뇌영상 사진이 법정에서 참고자료로 쓰이는 일이 점차 늘어날 것 같다. 그러나 뇌영상 자료로 ADHD, 사이코패스 등과 같은 장애를 함부로 진단할 수 없다. 이러한 신경학적 혹은 정신적 장애는 다양한 스펙트럼을 보이고 원인 또한 정확하게 밝혀지지 않았으며 뇌 사진 속에서 질환의 유무를 쉽게 밝힐 수 있는 특징(signature) 또한 충분하지 않다. 사이코패스와 관련된 영역은 도덕적 추론만 하는 것이 아니라 기억, 주의, 의사결정 등 다양한 일에 관여한다. 2013년 11월 25일에 영국 일간지 『가디언(Guardian)』인터넷판에는 "뇌 스캔으로 과연 사이코패스를 진단할 수 있을까?(Could a brain scan diagnose you as a psychopath?)"라는 기사가 실렸다. 기사 내용 중 "모든 까마귀가 까맣다고 해서 까만 새는 모두 까마귀인가?"라는 구절이 나온다.[3] 뇌영상촬영 결과만으로 사이코패스로 진단할 수 없다는 것을 잘 대변해 주는 말이다.

참고자료

1. Blair, R. J. R., Colledge, E., Murray, L., & Mitchell, D. G. V. (2001). A selective impairment in the processing of sad and fearful expressions in children with psychopathic tendencies. *Journal of Abnormal Child Psychology, 29*(6), 491-498. doi: 10.1023/A:1012225108281

2. Blair, R. J. R. (2007). The amygdala and ventromedial PFC in morality and psychopathy. *Trends in Cognitive Sciences, 11*(3), 387-392. doi: 10.1016/j.tics.2007.07.003

3. 영국 일간지 가디언 기사 https://www.theguardian.com/science/2013/nov/25/could-a-brain-scan-diagnose-you-as-a-psychopath

48. 폭력적인 게임이 뇌를 변화시킬까?

게임이 모두 나쁘지는 않다. 게임 종류에 따라 인지기능 발달에 기여할 수도 있다. 가족들이 함께 즐길 수 있는 게임도 있고, 전략 게임, 마케팅 게임, 도시를 운영하는 게임 등 머리를 써야 하는 게임들도 많이 있다. 하지만 폭력적인 게임은 그다지 바람직하지 않다.

폭력적인 게임은 폭력적인 생각을 활성화시킨다. 게임을 지속적으로 연습하게 되면 어느덧 뇌는 폭력에 익숙해지고 폭력을 자연스럽게 느끼게 된다. 폭력에 대한 인식과 가치관에 영향을 미칠 수 있다. 지속적으로 폭력 게임에 노출되면 시간이 지나갈수록 폭력성은 올라간다. 2010년에 미국과 일본 연합 연구팀이 기존에 발표된 폭력적 게임과 관련한 논문을 광범위하게 조사하고 분석하여 '폭력적 비디오 게임이 폭력성, 공감, 친사회적 행동에 미치는 영향'에 관한 논문을 발표하였다. 폭력적 비디오 게임에 지속적으로 노출되면 의식적·무의식적으로 공격성을 관찰 학습하게 되어 폭력과 관련한 지식, 태도 등에 영향을 받게 된다. 결국 공격적 정서, 사고, 행동의 위험성이 높아지고 공감 능력은 저하되는 반면, 공격성에 무감각해지고 친사회적인 행동 수준은 낮아진다.[1] 뇌는 우리가 학습하고 경험하는 내용이 표현되고 축적된다.

2009년에 미국 인디애나(Indiana) 대학교에서 발표한 연구에 따르면, 폭력적인 비디오 게임에 짧은 시간 노출되어도 뇌는 영향을 받는다고 한다. 44명의 13~17세에 속하는 남자 청소년에게 저격수가 되어 사람을 죽이는 폭력적 게임 혹은 자동차 운전과 같은 비폭력적 게임을 하게 한 다음 뇌영상촬영을 했다. 30분 동안 게임에 익숙해지도록 비디오 게임을 한 다음 4주 이내에 다시 실험실에 방문하여 30분 동안 게임을 했다. 게임이 끝나자마자 실험에 참가한 청소년들은 화면에 나타난 단어가 인쇄된 색깔(빨강, 초록, 파랑)에 반응하는 과제를 하면서 뇌영상촬영을 하였다. 예를 들어, 빨간색으로 적힌 '걷다'라는 단어가 제시될 때 현재 제시된 단어의 의미를 무시하고 인쇄된 색인 빨간색에 반응하여야 했다. 실험은 단어의 의미와 전혀 상관이 없었다. 그런데 폭력적인 단어(때리다, 손상시키다)나 그렇지 않은 단어(뛰다, 걷다)가 나타날 때 폭력적 게임을 한 그룹과 비폭력적 그룹은 뇌활성화 패턴에 차이를 보였다. 폭력적인 게임을 한 청소년들은 비폭력적 게임을 한 청소년과는 달리 폭력적인 단어가 나타났을 때 부정적 감정 반응과 관련한 편도체가 더 활성화되고 감정 조절이나 관리 기능과 관련한 영역(내측전전두피질; medial prefrontal cortex)의 활성화는 줄어들었다.[2] 과제와 전혀 관계가 없는 단어의 의미가 특히 폭력적인 비디오 게임을 한 청소년들에게 무의식적으로 영향을 끼친 것이다. 청소년의 뇌 반응은 비록 짧은 시간일지라도 게임의 폭력성 여부에 따라 영향을 받았다. 이 연구 결과를 보면 너무 과격하거나 잔인한 게임에 노출되지 않는 것이 바람직하다.

참고자료

1. Anderson, C. A., Shibuya, A., Ihori, N., Swing, E. L., Bushman, B. J., Sakamoto, A., … & Saleem, M. (2010). Violent video game effects on aggression, empathy, and prosocial behavior in eastern and western countries: A meta-analytic review. *Psychological Bulletin, 136*(2), 151-173. doi: 10.1037/a0018251

2. Wang, Y., Mathews, V., Kalnin, A. J., Mosier, K. M., Dunn, D. W., Saykin, A. J., & Kronenberger, W. G. (2009). Short term exposure to a violent video game induces changes in frontolimbic circuitry in adolescents. *Brain Imaging and Behavior, 3*, 38-50. doi: 10.1007/s11682-008-9058-8

49. 아름다움을 느끼는 뇌 영역은
사람마다 다를까?

예술 작품을 지각하는 인간의 미적 경험을 과학적으로 연구하는 학문을 신경미학(neuroaesthetics)이라고 한다. 예술도 이제는 과학적인 증명에 흥미를 보이는 시대가 되었다. 신경미학은 신경과학적 방법을 이용하여 미학적인 경험이 뇌에서 어떻게 처리되는지 설명하고자 한다. 예술가, 신경과학자, 예술사학자, 심리학자 등 다양한 분야의 사람이 관심을 가지고 연구하고 있다.

신경미학에 대한 정의를 아주 간단하게 했지만 사실 예술 작품을 보면서 느끼는 마음은 그다지 간단하지 않다. '작가는 도대체 어떤 생각과 느낌으로 작품을 만들었을까?' 하는 작가의 의도, 그리고 그 속에서 느끼는 감상자의 작품에 대한 이해와 감정이 뒤섞인다. 우리가 무엇인가를 보고 아름답다고 느꼈다고 가정해 보자. 사람마다 아름답다고 느끼는 대상은 천차만별이다. 그리고 그 느낌은 너무나 주관적이다. 이 주관적 감정을 뇌영상촬영 기법을 통해 조사한 연구가 있다.

2004년에 영국 런던(London) 대학교 제키(Zeki) 교수 연구팀은 사람들이 그림을 보면서 아름답다고 느낄 때 이와 관련한 뇌 영역을 알아보고자 하였다. 뇌영상촬영에 들어가기 전 피험자들에게 수백 개의 그림을 보여 주고 아름다운지(beautiful), 보통인지(neutral), 추해(ugly) 보이는지 미적 평가를 내리게 하였다. 그런 다음 미적 평가와 그림의 종류(추상화, 정물화, 풍경화, 초상화)에 따라 선택된 작품을 피험자에게 보여 주면서 뇌를 스캔하였다. 피험자들이 그림을 보고 아름답다고 느낄 때, 추하다고 느낄 때보다 특징적으로 활성화되는 영역이 있었다. 바로 내측안와전두피질(medial orbito-frontal cortex)이다.[1] 아주 매력적인 사람을 보았을 때도 이 영역은 민감하게 반응한다. 매력적인 사람이 엷은 미소를 띨 때 이 영역은 더 활성화된다. 좋은 냄새를 맡거나 맛있는 것을 먹고 기분이 좋아질 때도 활성화된다. 게임에서 돈을 얼마나 벌지 머릿속으로 모니터링하고 보상의 가치를 기억하고 학습할 때도 관여한다.[2] 사람마다 그림에 대한 선호도는 다르다. 또한 아름다움에 대한 평가는 주관적이다. 하지만 아름다움을 느끼는 뇌 영역은 공통적이다.

요즘 우리나라 학생들은 수학 때문에 골머리를 앓고 있다. 초등학생이 수학의 정석을 풀기도 하고, 아예 수학이라면 지긋지긋한 학생도 있다. 그런데 수학 공식이 아름답다고 느끼는 사람들이 있다. 제키 박사를 비롯한 영국 연구팀은 수학자들이 공식을 보면서 수학적인 아름다움을 느낄 때 예술품에서 느끼는 아름답다는 미적 평가와 차이가 있는지 연구하였다. 실험에 참가한 수학자들은 피타고라스 등식, 오일러 공식에서 유도된 복소지수함수, 코시−리만 방정식 등과 같은 공식을 보고 아름답다고 느꼈다. 그리고 이 감정은 내측안와전두피질의 활성화와 상관관계가 있었다.[3] 아름다움은 주관적일지라도 이 감정과 깊은 상관관계를 가지고 있는 뇌 영역은 사람마다 다르지 않다. 아름답다고 느끼는 대상이 예술이든 수학이든 말이다. 뇌는 참 미묘하다고 새삼 느끼게 된다.

참고자료

1. Kawabata, H., & Zeki, S. (2004). Neural correlates of beauty. *Journal of Neurophysiology, 91*, 1699-1705. doi: 10.1152/jn.00696.2003

2. Kringelbach, M. L. (2005). The human orbitofrontal cortex: Linking reward to hedonic experience. *Nature Reviews of Neuroscience, 6*, 691-702. doi: 10.1038/nrn1747

3. Zeki, S., Romaya, J. P., Benincasa, D. M. T., & Atiyah, M. F. (2014). The experience of mathematical beauty and its neural correlates. *Frontiers in Human Neuroscience, 8*, Article 68. doi: 10.3389/fnhum.2014.00068

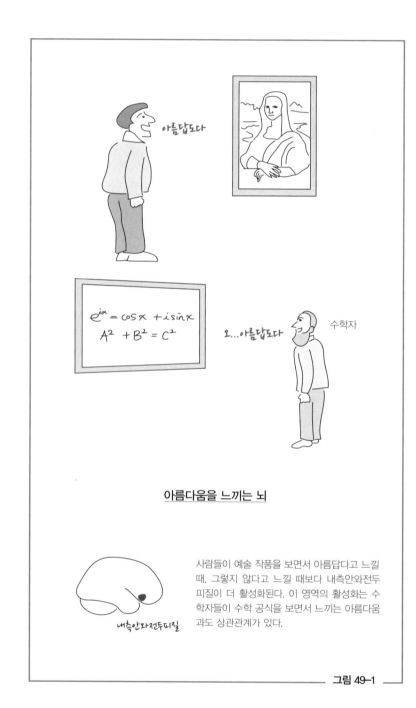

아름다움을 느끼는 뇌

사람들이 예술 작품을 보면서 아름답다고 느낄 때, 그렇지 않다고 느낄 때보다 내측안와전두피질이 더 활성화된다. 이 영역의 활성화는 수학자들이 수학 공식을 보면서 느끼는 아름다움과도 상관관계가 있다.

그림 49-1

50. 감정도 전염될까?

　가족이나 친구가 기분이 좋지 않으면 옆에 있는 사람도 기분이 영
유쾌하지 않다. 주위에 있는 사람이 기분이 좋지 않으면 우리도 우울
해진다. 또한 옆 사람이 기쁘면 함께 행복해한다. 감정은 전염된다.
심지어 하품도 전염되고 웃음도 전염된다. 실제로 타인의 행복한 얼
굴, 슬픈 얼굴을 보고 있으면 보고 있는 사람의 감정을 불러일으킨
다. 상대방의 표정이 강할수록 더 그렇다.

　요즘은 '혼술' '혼밥'이라는 말이 일상적이다. 심지어 식당 인테리어
로 혼밥족을 위해 꼭 독서실과 비슷하게 칸막이까지 설치해 놓은 곳
도 있다. 이러한 인테리어는 점점 더 늘어 갈 것이라고 한다. 요즘 젊
은 사람들은 혼자 있는 것이 더 편하다고 한다. 혼자 밥을 먹으면서
스마트폰을 통해 이메일을 체크하고 문자를 보내고 신문을 보는 등
다양한 일을 한다. 또한 SNS(social networking service)를 하기도 한

다. 지하철에 들어서면 거의 모든 사람이 스마트폰에 얼굴을 파묻고 있다. 심지어 카페에 가서 친구들끼리 모여 있어도 스마트폰으로 각자의 일을 한다. 우리는 일상생활에서 친구와 마주 보고 대화하지 않더라도 인터넷, 카카오톡과 같은 통신을 통해 타인과 엮여 있다. 감정은 바로 옆에 있는 사람에게만 전염되는 것이 아니라 인터넷과 같은 통신망을 통해 많은 사람에게 그리고 굉장히 빠르게 퍼져 간다.

상대방의 감정은 페이스북을 통해서도 전염된다. 2014년에 미국 국립과학원회보에 발표된 논문에 따르면, 페이스북 뉴스피드에 올라온 글을 분석하였더니 친구의 감정 상태가 그 글을 보는 사람, 즉 친구의 감정 상태에도 영향을 미친다고 한다. 언어로 표현된 소식 안에 함유된 친구의 감정 상태를 쭉 분석해 본 결과, 그것을 본 상대방이 뉴스피드에 올리는 글은 친구의 감정과 일치하는 경향이 있었다. 지인이 올린 뉴스가 긍정적인 감정을 담은 경우 자신의 뉴스피드에 올리는 글도 긍정적인 글이 늘고 부정적인 글이 줄었다. 반면, 친구가 올린 글이 부정적인 뉴스일 경우 자신의 뉴스피드에 부정적인 글이 늘고 긍정적인 감정을 표하는 글은 줄었다.[1] 감정이란 마주 보고 서로 교류하는 차원을 넘어서 인터넷상에 언어적인 표현으로도 전염이 가능하다는 것이다.

지금 페이스북, 트위터 등 SNS를 하고 있는 여러분은 행복한지 궁금하다. 이 행복은 친구에게 전염된 것인지, 친구의 행복한 모습에 더 우울한 것은 아닌지, 아니면 타인들보다 나만 더 힘들고 외롭다고 생각하는지도 모르겠다.

실제로 사람들은 타인의 부정적인 감정은 과소평가하는 경향이 있지만 긍정적인 감정은 과대평가한다. 여러분의 기쁨보다 타인의 기쁨이 더 커 보이고 타인의 고통보다 내 고통이 더 커 보이는 것이다. 우리는 우울할수록 사람들로부터 멀어지고 싶어 한다. 우울한 감정을 숨기고 싶어 한다. 그래서 자신이 어려운 처지에 있다는 생각이 들면 친구를 만나는 것도 그리고 자신의 힘든 처지를 아는 것도 싫다. 나만 불행한 것 같고 다른 사람은 행복해 보인다.

2011년에 미국에서 스탠퍼드(Stanford) 대학교를 비롯한 몇몇 대학교 공동 연구팀이 발표한 논문에 따르면, 사람들은 긍정적인 감정은 드러내는 데 비해 좋지 않은 감정 상태는 타인에게 내보이지 않고 억누르는 경향이 있다고 한다. 그러다 보니 현재 우울하거나 정서적으로 어려움을 겪는 주변 사람들의 상태를 알기 어렵다. 그래서 자신의 어려움보다 타인의 어려움을 과소평가하게 된다. 심지어 자신과 친한 지인에 대해서도 마찬가지이다. 반면, 동료들의 긍정적인 감정은 과대평가된다. 친구들이 자신보다 즐겁고 행복한 경험을 더 많이 한다고 느낀다. 친구들이 정서적으로 행복하게 잘 지낸다고 느낄수록, 자신의 어려움이 더 커 보일수록 외롭고, 문제를 곱씹게 되며, 삶의 만족도는 떨어지게 된다.[2]

이제 감정의 전염은 만나서 직접 의사소통을 하는 사람들끼리만 일어나는 것이 아니라 소셜 네트워크를 타고 더 많은 사람에게 일어나기도 한다. 직접적이지 않고 디지털 세상에서 집단적 감정 전염은 일상이 되었다. 하지만 페이스북에 올라온 행복해 보이는 삶은 우리의 마음을 제대로 투영한 것이 아닐 수 있다. 타인의 정서 상태와 나를 비교하는 행위는 삶의 질을 떨어뜨릴 수 있다. 보이는 삶이 주를 이루게 되면 결국 우리 자신은 더욱 외로워진다. 이러한 사회적인 변화 형태가 인공 로봇을 옆에 두고 바로 감정을 나누게 되는 시대를 재촉하는지도 모르겠다.

참고자료

1. Kramer, A. D. I., Guillory, J. E., & Hancock, J. T. (2014). Experimental evidence of massive-scale emotional contagion through social networks. *Proceedings of the National Academy of Sciences, 111*(24), 8788-8790. doi: 10.1073/pnas.1320040111

2. Jordan, A. H., Monin, B., Dweck, C. S., Lovett, B. J., John, O. P., & Gross, J. J. (2011). Misery has more company than people think: Underestimating the prevalence of others' negative emotions. *Personality and Social Psychology Bulletin, 37*(1), 120-135. doi: 10.1177/0146167210390822

감정은 전염된다. 주위 사람이 화가 나 있으면 우리도 기분이 나빠지고, 웃는 모습을 보면 왠지 모르게 기분이 좋아진다. 심지어 간지럼도 전염된다. 옆 사람이 긁으면 우리 몸도 스멀대는 듯하여 긁게 된다.

그림 50-1

Part 9

인지 이야기:
기능의 저하 및 이상

51. 아동이 성장하면서 점점 학습이 더디고 어려운 경우도 있을까?

흔히 어릴수록 상처가 더 빨리 아물고 빨리 회복된다고 이야기한다. 어릴 때 뇌 부상을 당하게 되면 더 빨리 회복될 수 있다는 것이다. 이것은 '케나드 원리(Kennard principle)'라 불린다. 하지만 모두 이런 경우에 속하는 것은 아니다. 어떤 경우에는 어릴 때 받은 신경학적 부상이나 상처가 갈수록 더 심각한 결과를 초래하기도 한다. 손상된 부위에 따라 빨리 회복되는 경우도 있는 반면, 시간이 지나갈수록 문제가 눈에 확 띄는 경우도 있다. 유치원에 다닐 때는 미처 느끼지 못하다가 학교에 입학하면서 공부를 시작하게 되면 문제가 드러나게 된다. 특히 학습에 핵심적인 역할을 하는 뇌 부위가 손상되거나 발달이 지연되면 성장할수록 일반 아이들이 학습하는 내용을 따라갈 수 없게 된다. 내용은 점점 어려워지는데 아동이 가지고 있는 문제점으로 인해 학과 내용을 받아들일 수가 없게 된다. 쌓이고 쌓이게 되면 너무 뒤처져 버린다.

생후 2~3개월 전에는 영아가 목을 스스로 가누기도 힘들기 때문에 신경학적 문제가 이미 발생하기 시작하더라도 전문가도 판단하기 어려울 경우가 많다. 하물며 일반 사람들이 판단하기는 더욱 어렵다. 영아가 목을 가누는 시기가 한참 지나도 목을 가누지 못하면 그때 문제를 인식하기도 한다. 언어의 경우도 마찬가지이다. 말이 늦게 트인다고 해서 제대로 발달하지 못하는 것은 아니다. 정상적으로 발달하는 경우도 많다. 하지만 그렇지 못한 아동의 경우 또래의 아이들에 비해 많이 뒤떨어져서야 문제를 인식하게 된다. 유아기 때는 여느 아이들과 별다른 차이를 보이지 않다가 자라면서 조금씩 눈에 띄는 경우가 생각 외로 많다. 특히 인지 발달상 경계 구역에 놓인 아동일수록 학년이 올라가면서 눈에 점점 띄게 된다. 배우고 익혀야 하는 내용이 갈수록 어려워 결국 따라가기 힘들게 된다.

언어, 주의력, 기억, 움직임 등 다양한 인지기능은 완전히 독립적으로 작용하기보다 상호작용한다. 신경회로상 여러 인지기능의 허브 역할을 하는 영역에 문제가 발생하면 관련 인지기능 모두에 영향을 미칠 수 있다. 허브 영역이 아닌 더 하위 기능이 손상되면 아동이 보이는 손상은 국지적일 수 있다. 예를 들면, 주의력만 문제를 보이는 아동이 있는 반면, 주의력, 언어, 움직임 등 여러 인지 영역에 문제를 보이는 아동도 있다. 협응과 같은 운동성도 동반 장애가 발생할 수도 있고 그렇지 않을 수도 있다. 몇 가지 인지기능이 문제가 된다면 당연히 국지적인 영역의 손상이 아니라 이러한 인지기능의 구심점 역할을 하는 허브 영역이 제대로 기능하지 못한다고 의심할 수 있다.

아이들의 문제로 상담하다 보면 좀 아이러니한 경우를 만나게 된다. 아동의 문제가 심각한데 부모는 전혀 문제를 느끼지 못하는 경우이다. 시간이 해결해 줄 것으로 믿고 있다. 반면, 아이는 정상인데 부모가 더 앞서 나가는 경우도 있다. 솔직히 이런 분들을 뵐 때마다 반반씩 섞어 놓으면 좋겠다는 마음이 든다. 아동의 인지적 문제가 서서히 나타나는 경우는 부모의 역할이 중요하다. 이럴 때 부모가 조심스럽게 아이의 행동을 관찰해야 한다. 그런데 너무 민감하거나 예민하게 관찰하면 아이가 불편할 수 있다. 자신에게 향한 부모의 시선이 부담스러우면 아동의 행동은 부자연스러워진다. 또한 부모가 없을 때 자신의 일을 하고 싶어 한다. 감시당한다는 느낌이 들기 때문이다. 따라서 부모와 아이의 원활한 대화가 필요하다. 특히 경계선상에 있는 아동의 경우 자의식은 강한데 자존감의 저하로 많이 고민한다. 인지 저하를 보이는 아동의 경우, 문제가 있다고 느껴질 때 전문가에게 평가받고 앞으로의 방향을 조언받는 것이 좋다. 청소년기로 접어들게 되면 저하된 인지를 끌어올릴 수 있는 적절한 시기를 놓칠 수 있다.

52. 주의가 산만하다고 해서 무조건
주의력결핍 과잉행동장애(ADHD)일까?

　사람들에게 가장 많이 받는 질문은 주의력과 관련된 질문이다. 자녀가 어린 경우 어떻게 해서라도 주의력을 높여 공부 잘하는 아이로 키우고 싶은 부모들이 많다. 사람들은 주의력에 문제가 발생하면 무조건 주의력결핍 과잉행동장애(Attention Deficit Hyperactivity Disorder: ADHD)가 아닌지 염려하기도 하고 아이가 산만하면 너무 쉽게 주의력 결핍으로 판단해 버린다. 주의가 산만하고 충동성이 강한 아동들은 정신없이 바삐 움직이는 경향이 있다. 하지만 주의력이 산만하다고 해서 모두 ADHD라고 하지 않는다. 또한 활동적 성향이 주의력 산만으로 오해받기도 하지만 너무 활동적이라고 해서 꼭 주의가 산만한 것은 아니다. 심리적인 현상도 주의력에 많은 영향을 미친다. 질병의 유무, 신체적 강인함의 정도, 수면, 알코올, 스트레스 등 주의력에 영향을 미치는 요소는 많다. 그러므로 주의력이 떨어지거나 산만할 경우에 여러 가지 요인을 다 살펴서 판단해야 한다.

ADHD는 주의력과 행동을 적절히 조절하지 못한다. 행동은 얌전하지만 부주의할 수도 있고 행동이 과하고 충동적인 성향을 보일 수도 있다. 또한 이러한 성향이 동시에 나타날 수도 있다. 미국정신의학협회에서 출판하는 『정신질환 진단 및 통계 편람 제5판(Diagnostic and Statistical Manual of Mental Disorders, fifth edition: DSM-5)』에서 진단기준으로 제시하는 증상을 살펴보면 크게 부주의(inattention), 과잉행동(hyperactivity), 충동성(impulsivity)과 같은 특징을 나타낸다. 부주의하게 되면 오래 집중하지 못하고 실수도 잦다. 타인의 말을 경청하지 못하고 지시사항이나 과제를 제대로 완수하지 못한다. 집중을 요하는 과제는 피하게 된다. 계획을 세워 일을 체계적으로 진행하지 못하고 쉽게 산만해진다. 할 일을 쉽게 잊고, 물건도 잘 잃어버린다. 과잉행동을 보일 경우 손발을 가만히 두지 못하고, 제자리에 있어야 하는 상황에서 마음대로 자리를 뜨기도 하고, 뛰어다니거나 기어오르는 등 부적절하고 과도한 행동을 한다. 활동에 조용히 참여하지 못하고 모터가 달린 것처럼 행동하기도 한다. 또 말을 많이 하고 충동성을 보이기도 한다. 예를 들어, 질문이 끝나기도 전에 불쑥 대답하거나, 차례를 기다리지 못하며, 타인의 활동에 끼어들어 방해를 한다.

ADHD의 경우 동반 장애의 발생률이 높다. ADHD를 지닌 많은 사람에게 반항장애, 품행장애, 기분장애, 불안증이 함께 보이거나, 난독증이나 협응장애와 같은 학습장애도 동반될 수 있다. 증상 자체가 일관적이지 않고 다양한 양상을 띤다. 동반 장애의 종류에 따라 더욱 그러하다. 여러 가지 증상이 섞여 버리면 겉으로 드러나는 증상이 더욱 복잡다단해진다. 그래서 ADHD를 판단할 때는 많은 주의를 요한다. 주의력 검사만으로 문제를 제대로 파악하기에는 부족하다. 주의력만의 문제가 아닐 수도 있기 때문이다. 요즘에는 ADHD가 과잉 진단되는 경향도 있다. 정상과 위험군 사이 경계 지역에 있는 아동의 경우 '과연 ADHD라고 단정적으로 진단할 수 있을까?'라는 의문이 드는 경우도 꽤 있다. 하지만 치료가 꼭 필요한 경우도 있다.

주의력에 문제가 있다고 느끼는 부모는 선뜻 검사를 받기 주저한다. 믿고 싶지 않은 마음도 있지만 진단을 받고 난 뒤 일어날 일에 대한 두려움도 있기 때문이다. 학교 선생님은 자신의 학생 중 문제가 있다고 판단될 때 부모에게 검사를 권하기도 한다. 선생님의 입장에서는 아이의 상태를 정확히 알아서 대처 방법이나 도울 수 있는 방법을 강구하기 때문이다. 아이의 입장에서는 자신이 그런 범주 안에 속한다는 사실에 큰 상처를 받는다. 그리고 소문이 나면 놀리는 아이와 놀림을 참을 수 없는 아이 사이에 싸움이 일어나기도 한다. 그래서 부모들은 아무도 모르게 훈련받고 치료받고 싶어 한다. 참 쉽지 않은 현실이다.

부모들은 아이가 좋아하는 것을 할 때 엄청나게 집중을 잘하는데 어떻게 주의력에 문제가 있을 수가 있는지 믿기 힘들어한다. 충동성으로 소리 지르면서 부산하게 굴던 아이가 재미있는 방송 프로그램을 보면 텔레비전 안으로 들어갈 정도로 집중해서 보기도 한다. 공부를 시키면 항상 못하는 것이 아니라 순식간에 풀고 잘 끝내는 경우도 있다. 아이가 집중하지 못하고 항상 주의가 분산되어 있다면 주의력에 심각한 문제가 있으며 다른 인지기능도 문제 있을 가능성이 있다.

주의력이 산만한 아동의 경우 무작정 아이를 붙들고 숙제가 끝날 때까지 씨름하는 것은 좋지 않다. 결국 누가 이기나 힘겨루기 경쟁밖에 되지 않는다. 아이나 부모 양쪽 모두 얻는 것은 없다. 아이를 공부시킬 때 너무 긴 시간 씨름하지 말아야 한다. 충분히 쉬는 시간을 가지면서 과제나 학습 내용을 몇 차례 나눠서 하는 것이 좋다. 하루에 너무 많은 분량을 끝내려고 부모가 욕심내어서도 안 된다. 적은 양이더라도 스스로 성취할 수 있다는 느낌을 주는 것은 동기화에 중요하다. 재미없는 것을 하게 되면 당연히 졸리고 주위만 두리번거리게 된다. 아이들만 그런 것이 아니라 어른들도 마찬가지이다. 어른들은 똑같은 감정을 겪었으면서 자신의 아이들을 대할 때 가끔은 잊어버린다. 마음이 앞서기 때문이다. 학습해야 할 양이 많으면 하기도 전에 질려 버리거나 결국 이룰 수 없다는 느낌만 남는다. 서로 약속한 양을 끝냈다면 적은 양일지라도 진심으로 칭찬해 주는 것이 좋다. 좀 더 할 수 있다는 아쉬움이 든 칭찬은 상대방에게 고스란히 전달된다. 적은 양이더라도 쌓이면 어느덧 앞으로 나아가게 된다. "천 리 길도 한 걸음부터"이다.

53. 글을 읽기가 힘들면 난독증일까?

난독증(dyslexia)은 말 그대로 읽기에 어려움을 보인다. 글을 읽는 것이 힘들다고 모두 난독증으로 분류되지는 않으며, 어릴 때 책을 읽지 않아서나 비효율적 읽기 지도로 인해 나타나는 증상도 아니다. 쓰여진 글자를 소리 체계로 대응시키지 못한다. 그렇다고 전혀 읽지 못하는 것은 아니다. 증상의 경중에 따라 읽기 유창성 정도가 다르다. 유전적·신경학적 원인에 기인한다고 알려져 있으며, 가족력이 있는 경우 발생률이 높다. 아직까지 명확한 원인은 밝혀지지 않았다.

글을 배우기 시작할 때는 누구나 더듬거리면서 읽는다. '기역, 니은, 디귿, … 우, 유, 으, 이' 한글 낱자를 배우면서 글을 더듬더듬 읽기 시작한다. 점점 자라면서 글자나 단어 인식이 자동화된다. 익숙한 글자가 자연스럽게 눈에 들어오면서 힘들이지 않고 쉽게 읽을 수 있다. 단어가 눈에 들어오기만 해도 후다닥 뇌에서 처리된다. 그런데 난독증이 있으면 이러한 과정이 잘되지 않는다. 또한 책 읽기를 무척 싫어한다. 읽기가 어렵기 때문에 당연히 나타나는 현상이지만, 읽기를 기피하여 점차 이해력이 떨어지고 어휘력이 부족하게 된다. 학교에 입학하면 거의 모든 학습은 책을 통해 이루어진다. 난독증을 지닌 아동은 학업 부진을 겪을 수밖에 없다.

난독증의 가장 큰 특징은 음운인식과 같은 음운 처리 단계에서 문제를 보이는 것이다. 철자의 정확성, 단어 인식, 정보 처리 속도 그리고 작업기억력 등이 떨어질 수 있다. 난독증 증상을 보이는 사람에게 책을 읽어 보라고 하면 글자를 잘못 읽거나, 글자를 빠뜨리거나 다른 글자로 대체하는 등 실수가 잦을 뿐만 아니라 읽는 속도도 느리다. 또한 글 속에 나와 있는 단어가 아닌 다른 단어로 대체하기도 한다.

뇌영상촬영을 통한 연구를 살펴보면 일반적으로 글을 읽을 때 반응하는 뇌 영역의 활성화 수준이 난독증을 지닌 사람과 일반 사람 사이에 차이가 있다는 보고가 있다. 사용하는 문자에 따라 다르다고는 하지만 알파벳을 쓰는 나라에서는 특히 뇌 영역 중 좌측 측두두정피질(temporo-parietal cortex)에서 활성화 정도가 다르다. 글을 유창하게 읽기 위해서는 읽기 관련 뇌 영역들 사이에 의사소통이 제대로 되어야 하며 정보전달이 효율적으로 이루어지고 처리되도록 연결되어야 한다. 하지만 난독증을 지닌 사람들의 경우 정보 전달이 이루어지는 백질의 연결 상태가 일반인들과 다르다고 보고되었다.[1]

난독증은 지적 능력이 정상적임에도 불구하고 일평생 지속될 수 있다. 그렇다고 낙심할 필요는 없다. 난독증이 있지만 미술에 상당한 재능을 가진 아이를 상담한 적이 있었다. 부모는 아이가 글을 잘 읽게 되기를 원했다. 당장 학업을 쫓아가려면 읽기는 필수이기 때문이다. 부모는 읽기 능력을 향상시키기 위해 아이가 좋아하는 그림을 그리는 시간을 확 줄이고 글을 읽게 했다. 하지만 아이가 따라오지 못해 힘들어했다. 이런 경우 제대로 읽을 수 있도록 훈련도 해야 하지만 아이의 재능도 마음껏 살려 주는 것이 좋다. 피카소(Picasso), 에디슨(Edison), 영화감독인 스티븐 스필버그(Steven Spielberg), 이케아(Ikea) 창업자 잉그바르 캄프라드(Ingvar Kamprad), 그리고 영국의 유명한 사업가이자 버진(Virgin) 그룹의 총수인 리처드 브랜슨(Richard Branson) 등은 난독증을 지녔지만 창의적이고 자신의 분야에서 우뚝 선 사람들이다. 난독증으로 글을 잘 읽지 못하는 사람의 경우 자신의 생각이나 능력을 글이 아닌 다른 형식으로 표현하고 발달시킬 수 있다. 뇌는 못하는 영역을 사용하기보다 제대로 작동하고 또 잘하는 방식으로 운영하려고 하기 때문이다.

난독증을 지닌 사람들은 잘하는 능력을 더욱 잘하게 해야 하는 동시에 읽기 기술을 훈련받는 것이 좋다. 읽기 시작하는 나이에 훈련을 받을수록 효과는 좋다. 훈련과 함께 오디오북을 들으면 어휘력과 이해력을 키울 수 있고 무엇보다도 집에서 쉽게 할 수 있다. 오디오북은 장편을 듣기보다는 아주 짧은 이야기를 듣고 이해하는 것이 좋다. 난독증의 원인은 다양하지만 주된 문제는 쓰여진 글을 소리로 만드는 능력에 문제가 있기 때문에 이야기 듣기를 통해 어휘력과 이해력을 키울 수 있다면 나중에 읽기 훈련에도 도움이 될 수 있다.

참고자료

1. Gabrieli, J. D. E. (2009). Dyslexia: A new synergy between education and cognitive neuroscience. *Science, 325*, 280-283. doi: 10.1126/science.1171999

54. 계산장애는 무엇일까?

어릴 때부터 수학과 과학을 유난히 좋아하는 아동이 있고 무지 싫어하는 아동이 있다. 수학 문제를 푸는 것을 즐기지만 글을 쓰고 암기하는 것은 체질적으로 싫어하는 아동과 책 읽고 언어로 표현하는 것은 즐기지만 기계를 만지거나 숫자를 다루는 것을 극히 두려워하는 친구도 있다. 수학과 언어에 대한 능력은 개개인의 적성에 따라 다르다. 문제는 자신이 없고 못하는 정도를 훨씬 넘었을 때 발생한다. 수에 대한 개념을 형성하는 데 어려움을 보이는 경우이다.

Dyscalculia는 계산장애, 수학장애, 수학불능증 중 어느 것으로도 번역할 수 있다(2015년 보건의료용어표준개정에는 계산장애로 번역됨). 발달적 계산장애는 낮은 지능 때문에 발생하는 장애가 아니며, 발달적 계산장애가 있는 사람은 지능은 정상 범위이나 수를 세거나 수개념을 습득하는 데 상당한 어려움을 보인다. 학년이 올라가고 수학이 복잡해지면 수학을 더욱 멀리하게 되고 수학만 생각하면 골치가 아파 온다. 발달적 계산장애를 나타내는 학생의 비율은 한국에서는 정확히 조사된 바가 없다. 서양의 경우 대략 5~7% 정도라고 추정한다.[1]

계산장애는 숫자에 대한 다양한 증상을 보일 수 있다. 어떤 아동은 숫자 세기에 문제를 보일 수도 있으며, 일부는 숫자의 크기에 대한 개념조차 자리 잡지 못하는 경우도 있다. 숫자에 대한 지식과 연산 기술이 장기기억에 저장되어 적절하게 그리고 빠르게 인출할 수 있어야 하지만 이런 일련의 기술과 지식들이 장기기억 속에 제대로 저장되어 있지 못할 수도 있다. 예를 들어, 덧셈을 제대로 하지 못하는 아동의 경우 숫자를 제대로 세지 못하는 경우가 많다. 처음에 쉽고 자신 있게 세지만 숫자가 커질수록 중간 숫자를 세지 않고 넘어가는 빈도가 높아지기도 한다. 또한 작업기억력의 기능이 제대로 작동하지 않아 연산을 제대로 학습하지 못하기도 한다.

뇌에는 단 하나의 계산 상자가 있어서 한곳에서 숫자를 처리하는 것은 아니다. 수감각의 핵심 영역은 두정엽 중에서도 마루엽속고랑(intraparietal sulcus)이다.[2] 하지만 수량, 계산, 비교, 어림 등과 관련해서 다수의 뇌 영역이 관여한다. 숫자인식에 시각 영역이 관여하고 두정엽과 전두엽에 이르는 연결 네트워크에서 숫자를 계산하고 처리하고 개념을 이해한다.[3]

계산장애를 보이는 아동은 무턱대고 연산 능력만을 키워 주려고 애쓰기보다는 숫자 세기나 숫자에 대한 개념이 정확하게 장기기억에 저장될 수 있도록 도와주어야 한다. 외국에서는 어릴 때 숫자 세기나 숫자 자체에 대한 개념을 오랫동안 익히고 가르친다. 연산에 집착하다 보면 아동이 숫자의 대소관계를 정확하게 파악하지 못하고, 숫자를 제대로 세지 못하는 사실을 간과해 버릴 수 있다. 근본 원인을 보지 못하고 아동에게 어려운 과제만 계속 주게 되면, 아동은 기본 개념 자체를 인지하지 못하기 때문에 연산 학습이 느리고 계속 실수를 하게 된다.

아이가 수적 개념 학습에 문제가 있다고 판단이 들면 계산장애만 보이는지 아니면 주의력이나 읽기 등에 문제가 있는지 정확하게 검사를 받아야 한다. 계산장애는 읽기장애, 주의력장애와 같은 다른 증상과 함께 나타날 수 있기 때문이다. 특히 계산장애와 읽기장애 두 증상을 동시에 보이는 아동의 경우 계산장애만 보이는 아동보다 수 능력은 더욱 떨어지게 된다. 반면, 읽기장애만을 보이는 아동은 계산장애를 보이는 아동보다 숫자 개념이나 연산 능력은 낮지만 그렇다고 계산 능력이 아주 뛰어난 것은 아니다. 비교적 약한 경향을 보이기도 한다. 계산장애는 나이가 들면 저절로 좋아지지 않는다. 성인기까지도 지속된다. 이러한 장애들은 질병이 아니기 때문에 낫는다는 의미보다는 부족한 기능이 향상되도록 적절히 도움을 주어야 한다. 학습이 느리다고 무턱대고 화내고 혼내기보다는 무엇이 문제인지 보다 근본적인 원인을 알아낸 뒤 해결 방법을 찾아야 한다.

참고자료

1. Butterworth, B. (2010). Foundational numerical capacities and the origins of dyscalculia. *Trends in Cognitive Sciences, 14*(12), 534-541. doi: 10.1016/j.tics.2010.09.007

2. Dehaene, S., Molko, N., Cohen, L., & Wilson, A. J. (2004). Arithmetic and the brain. *Current Opinion in Neurobiology, 14*, 218-224. doi: 10.1016/j.conb.2004.03.008

3. Rubinsten, O., & Henik, A. (2008). Developmental dyscalculia: Heterogeneity might not mean different mechanisms. *Trends in Cognitive Sciences, 13*(2), 92-99. doi: 10.1016/j.tics.2008.11.002

55. 발달적 협응장애는 무엇일까?

아기는 태어나서 기고 서고 걷기를 언어보다 더 일찍 시작한다. 부정확하고 서툰 움직임이 커 가면서 조금씩 정교화된다. 중심 잡고 서기, 걷기, 뛰기, 점프하기, 공 던지고 받기, 공 차기 등 큰 움직임을 대근 운동이라고 한다. 팔, 다리 등 신체 전체를 사용한다. 반면, 단추 잠그기, 물건 집기, 구슬 꿰기, 바느질 등 사물과 손, 손가락, 손목 그리고 발가락을 꼼지락거리는 것과 같은 작은 움직임은 소근 운동에 속한다. 움직임 발달은 영아기에서 유아기에 이르는 사이에 성큼 이루어지지만 성인에 이르기까지 개선된다.

아동의 운동감각 발달이 지체된 경우 이를 발달적 협응장애(Developmental Coordination Disorder: DCD)라 한다. 협응장애도 다른 특정 학습장애와 마찬가지로 ADHD, 읽기장애, 언어장애, 그리고 자폐스펙트럼장애 등이 동반될 수 있다. 학령기 아동의 5~6% 정도가 발달적 협응장애를 보인다고 알려져 있는데, 1999년에 스웨덴에서 행한 한 연구에 따르면, 400명의 만 7세 아동을 조사했더니 심한 발달적 협응장애를 보이는 아동의 비율이 4.9%, 경한 경우는 8.6%였다. 발생빈도는 남아가 여아보다 높다고 한다.[1] 협응장애를 겪는 청소년 중 경한 증상을 보일 경우 성장하면서 좋아지기도 한다. 하지만 증상이 심할 경우 성인기까지 지속될 수 있다.

발달장애나 특정 학습장애를 겪는 아동을 만날 때는 걷는 모습을 유심히 보게 된다. 겉으로 보기에 잘 걷고 뛰는 것 같아도 자세가 어색하게 느껴질 때가 있다. 또한 컵을 잡으려고 손을 뻗고 잡고 마시는 행위가 좀 더디거나 정교하지 않을 수도 있고 물을 따르거나 컵을 들고 마시는 행위에서 힘의 강약을 적절하게 주지 못하는 경우도 있다. 이 밖에도 일상생활에서 관찰 가능한 행동들은 많다. 글쓰기, 신발끈 매기, 숟가락이나 젓가락 잡기, 공 받고 던지기, 몸의 균형 잡기, 옷 입기, 자전거 타기 등이 서툴고, 대부분 운동을 유난히 어렵고 힘들어한다. 이러한 증상은 일상생활에서 행하는 활동에 방해가 될 수 있고 학업 성취도에도 영향을 미친다.

추정되는 원인은 다양하다. 소뇌는 자세 조절이나 협응력에 중요한 역할을 한다. 하지만 소뇌의 발달이 더디거나 제대로 기능을 못할 경우 이러한 증상이 나타날 수도 있다. 또한 시공간 정보 처리나 감각 정보 처리에 문제가 있을 수도 있다. 뇌에서 감각과 운동기능은 연결되어 있다. 감각 정보가 제대로 처리되지 않으면 거기에 대한 운동 반응이 정확할 수 없다. 또한 타인의 행동을 관찰하고 모방할 때 활성화되는 거울세포 시스템상의 문제도 제기된다. 이 외에도 운동 조절과 학습에 개입하는 기저핵(basal ganglia)과 좌뇌와 우뇌를 연결하는 뇌량(corpus callosum)이 개입되어 있다는 설도 있으나 아직까지 증거가 충분하지 않다.[2]

운동성이 제대로 성숙되지 못하면 겉으로 보이는 행동이 어설퍼 보일 수 있다. 운동이 서툴다고 생각하는 아동은 운동 시간을 싫어한다. 이럴 경우 가정에서도 학교에서도 기본적인 운동 기술을 익힐 수 있도록 격려하고 도와주어야 한다. 또한 동반 장애가 없는지 정확하게 알아야 한다. 운동성은 감각과 결합되어 인지 발달에 근본을 이룬다. 서고, 걷고, 달리고, 말하고, 씻고, 옷을 입는 기본적인 행위뿐만 아니라 타인의 행동을 관찰하고 의도를 파악해 마음을 이해하는 공감 과정에서도 운동성의 발달 여부가 중요한 역할을 할 수 있다.

참고자료

1. Kadesjo, B., & Gillberg, C. (1999). Developmental coordination disorder in Swedish 7-year-old children. *Journal of American Academy of Child and Adolescent Psychiatry, 38*(7), 820-828. doi: 10.1097/00004583-199907000-00011

2. Zwicker, J. G., Missiuna, C., & Boyd, L. A. (2009). Neural correlates of developmental coordination disorder: A review of hypotheses. *Journal of Child Neurology, 24*(10), 1273-1281. doi: 10.1177/0883073809333537

56. 기억상실증이면 모든 기억이 한꺼번에 다 사라져 버릴까?

　텔레비전 드라마를 보면 기억상실증(amnesia)이 심심찮게 등장한다. 주인공이 어느 날 갑자기 교통사고로 기억을 잃게 된다. 그런데 기억을 되찾는 것도 어느 날 갑자기 이루어진다. 머리만 몇 번 아프면 기억이 조금씩 돌아오다가 어느덧 정상으로 돌아와 있다. 부딪혔던 자리에 또 충격이 가면 전등 스위치 켜듯이 기억이 돌아온다. 이런 일은 현실에서 절대 일어나지 않는다. 드라마이기 때문에 가능하지 현실에서는 불가능한 이야기이다.

　인간의 기억 시스템은 하나의 기억 상자가 모든 종류의 기억을 다 저장하고 관장하고 조절하는 것은 아니다. 다중 시스템이다([그림 34-1] 참조). 기억 체계 속에는 다양한 종류의 기억이 있다. 예를 들어, 자전거를 배우고 탈 줄 알게 되면 수년 동안 타지 않다가 다시 시도해도 금방 옛날처럼 탈 수 있다. 이렇듯 특정한 기술이나 방법과 관련한 기억인 절차기억은 한번 학습하면 잘 잊히지 않는다. 무의식적으로 작용하고 천천히 학습되지만 일단 학습되면 뇌에 곧게 자리 잡는다. 이러한 절차기억과 대비되는 기억이 있다. 여행, 사건, 어제 한 일 등 다양한 경험을 기억하는 일화기억(혹은 삽화기억)과 개념, 의미, 사실과 같은 지식을 기억하는 의미기억이다. 일화기억이나 의미기억은 우리가 끄집어내어 서술할 수 있는 기억이다. 자전거를 배우는 속도보다 훨씬 빨리 학습하거나 기억에 저장할 수 있지만 잊히는 속도도 빠르다.

다중 시스템인 기억 체계로 인해 뇌를 손상당한 환자들은 다친 영역에 따라 상실한 기억의 종류가 다를 수 있다. 자신이 살면서 했던 경험을 잊어버리는 사람도 있다. 또한 학습한 내용을 잊어버리기도 한다. 그런데 절차기억은 살아 있을 수 있다. 예를 들어, 글씨 쓰는 방법을 알고 쓸 수 있지만 자신이 썼다는 사실이나 무슨 내용을 썼는지 알지 못한다. 반대의 유형도 있다. 자전거를 앞에 두고 어떻게 타는지 기억하지 못하지만 자신의 자전거라는 사실을 기억한다.

이 외에도 뇌손상 환자들은 복잡하고 다양한 기억상실의 해리 (dissociation) 패턴을 보여 준다. 예를 들어, 일화기억은 상실했지만 의미기억이 남아 있고, 의미기억은 상실했지만 일화기억이 남아 있을 수도 있다. 또한 의식적 기억과 무의식적 기억도 해리가 일어날 수 있다. 단기기억 혹은 작업기억이 다치게 되면 새로운 정보를 받아들여 장기기억에 저장하는 처리가 어려워진다. 금방 본 사람을 기억하지 못하고 금방 한 일을 기억하지 못한다. 이런 현상이 일어나는 원인은 서로 다른 성질의 정보를 처리하는 신경 경로가 같지 않고 손상 영역도 차이가 나기 때문이다.

우리 사회는 술에 관대한 편이다. 예능 프로그램에서도 술 마시는 장면이 자주 등장하고, 술을 마시면서 토크쇼를 진행하기도 한다. 심지어 술이 큰 웃음의 소재가 되기도 한다. 그런데 알코올은 기억에 아주 나쁜 영향을 미친다. 알코올 중독이 될 정도로 술을 자주 과하게 마시는 것은 기억에 치명적이다. 알코올 중독은 티아민 결핍을 유발하고 뇌손상에 이르게 한다. 알코올성 코사코프 증후군(Korsakoff syndrome)은 기억장애를 야기한다. 코사코프 증후군 환자는 기억장애가 생기기 전의 일 또는 그 후의 일을 제대로 기억하지 못한다. 일명 역행성(retrograde) 혹은 순행성(anterograde) 기억상실증을 보인다. 과거 어느 시점 이전의 기억을 잃어버리거나(역행성) 새로 학습하는 정보를 제대로 기억하지 못하는 것이다(순행성). 뇌 건강을 위해 텔레비전에서는 술을 먹는 장면을 자제하는 것도 필요한 듯하다.

57. 사람의 얼굴을 잘 기억하지 못하면 얼굴인식불능증일까?

유난히 사람의 얼굴을 잘 기억하지 못하는 사람들이 있다. 금방 본 사람을 기억하지 못하여 모른 체한다는 오해를 받기도 한다. 분명히 본 사람인데 다음에 만나면 전혀 기억을 하지 못하기도 한다. 얼굴인식불능증(prosopagnosia)이 있으면 뇌가 손상되기 전에 잘 알던 지인의 얼굴을 알아보지 못하고 심지어 거울 속의 자신의 얼굴도 알아보지 못한다. 얼굴의 세부사항을 제대로 지각하지 못하거나 얼굴은 지각하지만 과거에 보았는지, 누구인지 잘 기억하지 못한다. 이 증상은 얼굴맹(face blindness)이라고 불리기도 한다.

얼굴인식불능증은 사고나 병으로 인한 뇌손상으로 발생할 수 있지만, 선천성 얼굴인식불능증(congenital prosopagnosia)의 경우 뇌손상이 없고 지적 능력도 정상이며 시각도 정상임에도 불구하고 유독 얼굴 처리에 문제를 보인다. 유전적 요인으로 대개 가족력이 있다. 또한 얼굴처리 신경 경로가 구조적 혹은 기능적으로 잘못 연결되어 있을 가능성도 있다고 알려져 있다.[1]

　뇌에는 사람의 얼굴에 민감하게 반응하는 방추얼굴 영역이 있다. 이 영역은 사람의 얼굴을 볼 때 활발히 활성화되고 장소, 동물, 의자와 같은 일반 사물을 볼 때 활성화 수준은 얼굴에 비해 떨어진다. 당연히 이 영역이 손상을 입게 되면 사람의 얼굴을 인식하는 데 문제가 발생한다. 그렇다면 이 영역만 얼굴에 관한 정보를 처리할까? 아니다. 후두엽과 측두엽에 있는 몇몇 핵심 영역을 중심으로 형성된 네트워크를 통해 얼굴 정보가 처리된다.[2] 네트워크상에 문제가 발생하게 되면 얼굴을 제대로 인식하지 못한다. 예를 들면, 후두엽 쪽 손상은 얼굴의 특징을 지각하는 데 관여하므로 이 영역이 손상되면 얼굴을 제대로 지각할 수 없다. 반면, 측두엽 중에서도 앞쪽 부분을 다치게 되면 얼굴의 정체, 사람의 이름, 특징 등 관련 정보에 제대로 접근하고 처리할 수 없다. 결국 얼굴을 지각하지만 제대로 인식하지 못한다. 뇌의 어느 영역이 손상되었는지에 따라 얼굴인식불능증의 양상은 달라질 수 있다.

　심장에 문제가 생겨 뇌손상으로까지 이어진 여성을 검사한 적이 있었다. 인지 평가와 각종 테스트를 시행한 결과 시각인식불능증(visual agnosia)과 얼굴인식불능증을 함께 겪고 있다는 사실을 알았다. 사람의 얼굴을 잘 알아보지 못하기 때문에 목소리로 사람을 구별했다. 이 여성의 경우 사물을 제대로 인식하지 못하는 시각인식불능증이 얼굴인식불능증과 동반되었지만 이 두 증상이 반드시 함께 나타나는 것은 아니다. 손상 영역이나 정도에 따라 두 증상이 동반될 수도 있고 아닐 수도 있다. 예를 들어, 사람의 얼굴은 제대로 인식하지 못하지만 사물은 구별할 수 있거나, 반대로 사물은 제대로 구별하지 못하면서 얼굴은 인식할 수도 있다.

얼굴인식불능증의 원인이 선천적이든 뇌손상으로 인한 것이든 얼굴을 제대로 인식하지 못하면 사회생활 혹은 일상생활에서 불편한 일이 생기기도 한다. 선천성일 경우는 자신의 문제를 모르고 일평생 살 수도 있다. 얼굴을 잘 인식하지 못한다고 느끼는 사람들 중에는 굳이 얼굴 특징이 아니더라도 목소리, 옷차림, 걸음걸이, 태도 등을 통해 나름대로 사람을 구별하는 전략을 사용하기도 한다. 사람의 얼굴을 잘 구별하지 못한다고 무조건 얼굴인식불능증으로 섣불리 단정 지어서는 안 된다. 우리가 짐작하는 것보다 복잡한 신경학적 원인이 있으며 학계에서 현재 활발히 연구되고 있다.

참고자료

1. Behrmann, M., Avidan, G., Marotta, J. J., & Kimchi, R. (2005). Detailed exploration of face-related processing in congenital prosopagnosia: 1. Behavioral findings. *Journal of Cognitive Neuroscience, 17*(7), 1130-1149. doi: 10.1162/0898929054475154
2. Haxby, J. V., Hoffman, E. A., & Gobbini, M. I. (2000). The distributed human neural system for face perception. *Trends in Cognitive Sciences, 4*(6), 223-233. doi: 10.1016/S1364-6613(00)01482-0

유난히 얼굴을 잘 기억하지 못하는 사람들이 있다. 하지만 얼굴인식불능증이라고 섣불리 판단해서는 안 된다.

얼굴인식불능증은 심한 경우 자신의 얼굴도 알아보지 못한다.

그림 57-1

58. 뇌진탕은 인지기능에 문제를 야기할까?

　뇌는 우리의 인생을 담는 그릇이라고 했다. 삶을 형성하고 살아가기 위해서 뇌 안에서는 감각, 운동, 언어, 주의, 기억, 조절과 집행, 문제해결, 추론, 의사결정 등 너무나 많은 인지작용이 일어난다. 뇌가 부상을 입게 되면 이러한 기능들이 제대로 작동하지 못하고 행동과 삶이 영향을 받게 된다. 그렇기 때문에 뇌를 다치지 않도록 주의해야 한다. 특히 어릴 때 뇌손상을 입은 경험은 성인이 되어서까지 영향을 미칠 수도 있다. 그래서 아동기와 청소년기에 뇌손상을 입지 않도록 미연에 방지하여야 한다. 예를 들어, 뒤통수에 공을 맞게 되면 앞이 깜깜해지고 눈앞에 별이 반짝반짝거리면서 핑 돈다. 뒤통수는 시각피질이 있는 곳이기 때문에 충격이 가해지면 앞이 캄캄해지면서 만화에서 보듯이 어지럽고 눈앞에 불이 번쩍거리는 현상도 경험하기도 한다.

텔레비전을 시청하다 보면 건강 프로그램에서 걷기를 권유한다. 걷기는 참으로 좋다. 그런데 공원에서 사람들이 운동하는 모습을 보여 주는 장면에서 뒤로 걷기를 하는 분들을 가끔 볼 수 있다. 뒤로 걷기는 하지 않는 것이 좋다. 굳이 뒤로 걷지 않더라도 그 이상의 효과를 내는 운동은 많다. 자칫 뒤로 걷다가 넘어져 뇌진탕을 일으킬 수 있기 때문이다. 노인분들은 특히 위험하다. 아이가 초등학교 다닐 때의 일이다. 학교에서 돌아온 아이가 학교에서 뇌훈련을 받았다고 했다. 뇌와 관련된 일은 언제나 필자의 귀를 솔깃하게 한다. 무슨 교육을 받았는지 아이에게 물었더니 뇌호흡과 뒤로 걷기 등 몇 가지를 했다고 말했다. 당연히 기겁을 하며 아이에게 뒤로 걷기는 함부로 하지 말라고 당부했었다.

뇌진탕을 가장 빈번히 경험하는 사람들은 아동, 청소년, 노인이나 스포츠 선수들이다. 교통사고나 폭력으로 인해 혹은 낙상사고 등으로 뇌진탕이 발생할 수 있다. 스포츠 선수들의 경우 럭비, 야구, 권투, 축구, 아이스하키 등 운동 중 선수들끼리 충돌이 일어날 뿐만 아니라 펜스에 부딪히면서 뇌진탕을 일으키기도 한다. 특히 권투는 서로 치고받고 하는 사이에 뇌가 물리적 충격을 지속적으로 받는다. 뇌와 관련한 사고에 가장 많이 노출되어 있는 스포츠이다. 1982년에 김득구 선수는 시합 중 쓰러져 결국 뇌사상태에 빠졌다. 필자도 그 장면을 텔레비전으로 시청했는데 충격적이었다.

뇌진탕을 일으키면 두통뿐만 아니라 이명, 시각장애, 인지장애, 심리적 불안, 우울 등 다양한 증상이 나타날 수 있다. 뇌진탕으로 인해 뇌출혈을 일으켜 두부 안에 피가 고이거나, 정보를 전달하는 뇌세포가 끊어지는 경우도 발생한다. 뇌영상촬영을 했을 때 아무 문제가 나타나지 않더라도 인지기능 저하나 심리적인 문제를 경험할 수도 있다. 실제로 뇌진탕을 경험한 사람들이 기억력이나 집중력 저하와 같은 인지 저하를 호소하는 경우가 많다. 아주 경미한 뇌진탕의 경우 보통 1~2주 정도 후면 회복되기 때문에 가볍게 생각했다가 증상이 3개월, 6개월, 혹은 1년 넘어까지 지속되기도 한다.

2014년에 미국에서는 스포츠와 관련하여 일어나는 뇌진탕이 한 해 380만 건 정도로 추정하였다.[1] 하루에 만 건 이상의 뇌진탕이 발생한다. 예상외로 빈번하다. 선진국에서는 특히 어린 스포츠 선수뿐만 아니라 스포츠에 몸담고 있는 선수와 지도자들에게 뇌진탕 관련 교육을 받도록 하고 있다. 우리나라에도 스포츠에 종사하는 사람이 많다. 특히 어린 스포츠 선수들은 수업시간도 빼먹으면서 종일 연습을 한다. 연습 중 사고가 생길 소지는 언제든지 있다. 스포츠 선수들이 충돌이나 돌발적인 사고로 뇌에 충격이 갔을 경우 후유증이 없는지 지속적으로 관찰하고 뇌진탕을 가볍게 생각하지 않도록 교육해야 한다.

또한 안전모를 귀찮아하는 사람들이 많은데, 더운 여름에 안전모를 쓰고 일하면 덥고 걸리적거린다. 자전거를 탈 때도 안전모가 답답하다. 하지만 안전모는 뇌진탕이나 뇌부상을 방지해 주는 역할을 하기 때문에 어떠한 일이 있더라도 꼭 착용해야 한다. 뇌진탕을 가벼이 취급해서는 안 된다. 겉으로 보기에는 멀쩡해도 뇌손상은 안에서 일어날 수 있다. 어릴 때 외상성 뇌손상을 겪게 되면 심각한 뇌손상이 아니라 경미하다 할지라도 부상을 당하지 않은 사람보다 교육적 성취나 정신적 문세를 겪을 위험성은 높아진다는 연구 결과가 있다.[2] 경미한 뇌진탕을 경험한 사람들도 증상이 금방 없어질 것이라고 안 이하게 여기지 말고 불안, 우울과 같은 심리적 이상, 주의력, 기억력 과 같은 인지기능의 저하, 그리고 흐릿하거나 어른거리는 시야, 두통, 수면장애, 피곤함, 어지럼증 등 뇌진탕 후 이러한 증상이 계속되면 전 문의와 상의해서 적절한 치료를 받아야 한다.

참고자료

1. Broglio, S. P., Cantu, R. C., Gioia, G. A., Guskiewicz, K. M., Kutcher, J., Palm, M., & McLeod, T. C. V. (2014). National Athletic Trainers' Association position statement: Management of sport concussion. *Journal of Athletic Training, 49*(2), 245-265. doi: 10.4085/1062-6050-49.1.07

2. Sariaslan, A., Sharp, D. J., D'Onofrio, B. M., Larsson, H., & Fazel, S. (2015). Long-term outcomes associated with traumatic brain injury in childhood and adolescence: A nationwide Swedish cohort study of a wide range of medical and social outcomes. *PLOS Medicine, 13*(8), 1-18. doi: 10.1371/journal.pmed.1002103

Part 10

인지 이야기:
검사와 훈련

59. IQ가 정상이면
인지기능이 모두 정상일까?

IQ만큼 널리 쓰이는 검사도 흔하지 않다. IQ는 지적 능력을 측정한다. 하나의 숫자로 지적 능력 정도를 표현해 준다. 그래서 IQ가 높다고 하면 그 나이 또래집단의 평균보다 지적 능력이 높을 것이라고 기대한다. 검사 결과 150이 나왔다고 하자. 우리는 150이라는 숫자를 통해 무엇을 알 수 있을까? '머리가 엄청 좋을 것이다.' '공부를 잘할 것이다.' 대략 이런 생각을 한다. 검사 결과 90이 나왔다. 숫자 90으로 우리는 무엇을 짐작할까? '머리는 그저 그렇다.' '공부를 썩 잘하지 못할 것이다.'라고 생각할 것이다. 우리는 숫자 하나로 지적 능력을 나눠 버렸다. 상, 중, 하로 말이다. IQ도 영역별 검사가 있는데 세부사항은 차치하고 총점수의 높고 낮음만 신경 쓴다.

인지 상태를 알고 싶으면 대부분의 사람들은 IQ 검사를 떠올린다. 흔히 IQ가 인지 상태를 말해 준다고 생각하기 때문이다. 그리고 IQ가

정상 범위에 속하면 사람들은 인지기능에 아무런 이상이 없다고 생각한다.

특히 IQ가 높을 경우 공부를 잘할 것이라고 기대하고 모든 인지기능이 뛰어날 것이라고 짐작한다. IQ가 높으면 시험을 아주 잘 치른 것 같이 기분이 좋다. 명백한 장점이다. 하지만 IQ가 높다고 모든 것을 잘하는 것은 아니다. 또한 IQ가 높다고 모든 인지기능이 정상적으로 작동하는 것도 아니다. 문제는 IQ 검사가 인지기능의 이상을 잘 알려 주지 않는다는 점이다.

주의력장애, 난독증이나 협응장애 등과 같은 특정학습장애를 지니고 있는 아동의 부모들이 IQ 검사를 했더니 정상 범위에 속하는데 왜 이런 현상이 생기냐고 질문을 한다. 이는 IQ 검사가 인지신경학적 증상을 걸러 주도록 디자인되지 않았기 때문이다. 지능검사는 난독증을 진단할 만한 소검사가 없으며 ADHD를 진단할 만큼 지능검사가 주의력에 특화되어 있지 않다. 심지어 뇌손상을 입은 이후 직장 생활이 불가능하고 일상생활을 하는 데 문제가 발생하는 경우에도 지능이 정상으로 분류되는 사람들도 있다.

웩슬러 지능검사 아동용 4판(Wechsler Intelligence scale for Children IV: WISC-IV)을 예로 설명해 보자. 웩슬러 지능검사는 15개의 소검사를 4개의 큰 범주로 나누어 판단한다. 언어이해, 지각추론, 작업기억, 처리속도이다. 소검사 중 일부는 이미 습득한 지식을 바탕으로 한다. 상식, 공통성, 어휘 등이 그렇다. 언어이해 영역에서 낮은 점수를 받으면 언어능력이 제대로 발달하지 못했다고 두리뭉실하게 결론 내릴 수 있을지는 몰라도 정확한 원인을 지능검사만으로 논할 수 없다. 또한 지능검사의 소검사는 대부분 다양한 인지기능이 복합적으로 작용하여야 문제 해결이 가능하도록 설계되어 있다. 그러기 때문에 기본적인 인지기능 중 어떤 기능이 문제가 되는지 분리하여 분석하기 어렵다.

IQ 검사 결과를 가지고 전반적인 인지기능에 대해 속단하지 말아야 한다. 또한 IQ 검사를 자주 받는 것은 좋지 않다. 요즘 지능검사 종류도 많아 이것저것 다 받아 보는 분들도 있다고 들었다. 검사 결과가 좋게 나올 때까지 받는 것은 더더욱 바람직하지 않다. 연습효과는 분명히 있다. 자기만족은 될 수 있을지언정 인지기능을 제대로 평가하고 향상시키기 위해서는 별로 도움이 되지 않는다.

60. 인지신경심리검사는 무엇일까?

어느 날 대학생으로 보이는 청년이 느닷없이 자신의 뇌가 궁금하니 어떤 검사를 받아야 되는지 물었다. 참으로 막연하고 난감한 질문이었다. 본인의 뇌가 궁금한 사람은 대체적으로 자신의 정체성에 대해 고민하고 있는 사람이거나 자신의 능력에 대해 자신할 수 없거나 미래에 대해 불안감을 가지고 있는 경우, 아니면 타인과의 비교를 통해 자신감에 심각한 상처를 받은 경우가 많다. 나한테 질문을 한 사람도 아르바이트를 하는 곳에서 일을 하는 방식이나 수행 능력에 대해 끊임없이 지적당하는 중이었다. 해야 하는 일을 자주 빠뜨리고 두서없이 일한다는 비판을 많이 받고 있었다. 이럴 경우 자신감은 바닥이다. 잘할 수 있는 일도 실수를 많이 하게 된다. 이런 상태라면 자신이 좋아하고 잘하는 일을 찾는 것이 중요하다. 스스로에 대해 좀 더 생각하고 고민할 시간이 필요하다.

본인이 무엇을 하고 싶은지, 무엇을 잘하는지, 무엇을 해야 하는지 막막할 때는 어두운 터널을 하염없이 걷고 있다는 느낌을 받는다. 이럴 때 검사라도 받아 보면 자신에 삶의 방향에 대한 힌트를 얻지 않을까 기대한다. 그런데 시중에 나와 있는 검사들은 다양하다. 너무 다양해서 무슨 검사를 받아야 할지 난감하다. 인성, 적성, 성격, 심리, 학습효율, 학습흥미, 창의성, 진로, 발달, 자아, 그리고 다양한 지능검사와 인지신경심리검사까지 너무 많다. 상업적 목적으로 나온 그럴듯하고 흥미를 야기하는 검사들도 널려 있다. 문제는 검사하고자 하는 목적을 제대로 충족시킬 수 있는 검사들이 흔하지 않다는 사실이다. 제목만 보면 그럴듯한데 방향을 제대로 제시할 만한 검사를 찾기가 쉽지 않다. 또한 표준화되고 검증되었다고 선전하더라도 정확성이 낮은 검사에 너무 의존하게 되면 문제를 제대로 파악하지 못하고 편향될 수도 있다.

그런데 정말 검사가 필요한 사람들이 있다. 인지기능에 문제가 발생하는 경우이다. 이런 경우 인지신경심리검사를 받아야 한다. 인지신경심리검사는 지각, 주의, 기억, 언어, 집행관리기능 등 인지의 가장 기본적인 기능을 검사한다. IQ 검사와 달리 이미 습득한 고차원적 지식이나 상식을 필요로 하지 않는다. 기본 인지기능 중 문제가 되는 혹은 저하된 인지기능을 찾아내 진단하고 대책을 세우기 위함이다. 주의력, 읽기, 계산, 기억 그리고 학습장애를 일으킬 만한 행동을 보일 때는 검사를 받는 것이 좋다. 또한 성인이나 노인의 경우 경도인지장애, 치매 등이 의심스러울 때도 인지신경심리검사를 받아야 한다. 검사를 통해 어떤 기능에 문제가 있는지 평가를 받아야 대처 방안을 생각할 수 있다.

인지신경심리검사는 IQ 검사와는 다르다. IQ 검사는 지적 능력 정도를 측정하는 데 중점을 두는 반면, 인지신경심리검사는 주의, 기억, 언어 등의 기본 인지 영역을 피검사자의 반응과 행동으로 평가하는 검사이다. 일명 종이와 연필을 이용한 검사라고 불리기도 한다. 모든 검사 항목이 종이와 연필을 사용한다는 의미는 아니다. 피험자가 직접 주관적으로 판단하는 설문조사 형식도 아니다. 뇌파나 뇌영상촬영과 같은 기계를 사용하지 않고 기계를 통해 쉽게 파악할 수 없는 반응을 통해 뇌에서 일어나는 기능상 문제를 세밀하게 파악한다. 간단히 말하면 주어지는 정보에 반응하는 패턴을 통해 인지기능을 평가한다. 밖으로 드러난 반응의 이상은 뇌 안에서 일어나는 인지 처리의 이상과 관련이 있기 때문에 외부로 드러난 반응을 통해 진단하는 방법이 기능상 문제를 종합적으로 평가하기에 적합하다. 인지 저하 영역을 자세하게 평가하기 위해서는 인지신경심리검사가 꼭 필요하다. 이때 인지신경심리검사는 인지기능에 대한 진단과 더불어 앞으로 훈련이나 인지재활의 방향을 분석하고 제시할 수 있어야 한다.

정확한 검사를 받기 위해서는 본인이 평상시 검사를 받고 싶다고 느끼게 된 계기, 평상시 행동이나 증상 그리고 심리 상태와 앓았던 질병 내력이 요구된다. 그런데 인지검사를 진행하기 전에 상담을 하다 보면 과거 우울, 불안증을 앓았던 내력이나 현재 신경 계통의 약을 먹고 있다든지, 아니면 ADHD를 진단받고 약을 복용한 적이 있는데도 불구하고 숨기는 경우들이 있다. 현재 인지 상태는 이러한 증상 유무나 심리적인 문제가 있는지의 여부에 따라 많은 영향을 받는다. 검사를 받게 될 때는 이러한 사항을 검사자에게 정확하게 알려야 한다. 그래야 인지 평가를 보다 정확하게 할 수 있다.

61. 뇌영상촬영이나 뇌파 검사를 하면 인지기능에 문제가 있는지 다 알 수 있을까?

아직까지 뇌영상촬영 또는 뇌파 기술만으로 질병이나 인지적 저하를 다 진단할 수 없다. 현재 수많은 과학자들과 공학자들이 뇌영상 기술의 정확도를 높이는 방법을 연구하고 있다. 인간의 뇌는 3차원이다. 뇌 속에서 무슨 일이 일어나고 있는지 이미지로 나타내기 위해서, 뇌영상 기기는 물리적 공학적 원리를 이용해 뇌 이미지를 데이터로 압축한 다음 다시 이미지로 풀어낸다. 데이터 압축 방법과 압축된 데이터를 풀어 3차원 이미지로 만드는 방법은 중요하다. 왜냐하면 이런 공학적 기술은 촬영 단가를 낮추는 데 기여하기도 하고 이미지를 보다 선명하게 시각화시켜 질병의 유무를 더 정확하게 판독하거나 뇌기능을 더 정교하게 해석할 수 있도록 돕기 때문이다.

뇌의 구조와 기능을 영상화하는 기술인 뇌영상촬영 방법은 급속도로 발달하고 있다. 이러한 영상 기술에는 생리학적, 분자적, 물리학적, 공학적 연구 등 다양한 학문적 연구가 집약되어 있다. 뇌에 이상이 있을지 모른다고 판단될 때 병원에서는 자기공명영상(Magnetic Resonance Imaging: MRI)과 같은 뇌 사진을 찍는다. 이 사진은 흑백이지만 뇌에 존재하는 물, 지방, 단백질 등 조직과 조직의 농도 및 밀도에 따라 색깔의 진하기가 다르게 나타난다. 그래서 뇌손상의 유무, 정도, 위치를 눈으로 확인할 수 있다. 뇌졸중으로 혈관이 파열되어 피가 고였을 때, 뇌혈관이 국소적으로 막혀 조직의 괴사가 일어났을 때(뇌경색), 종양이 생겼을 때, 보통 사람들과 달리 특정 부위가 기형적으로 생겼을 때, 위축현상이 일어났을 때 등과 같은 예는 사진으로 확인이 가능하다. 물론 눈으로 확인할 수 있을 만큼 변화가 있어야 사진상으로 판독할 수 있다.

뇌기능을 영상화하는 방법으로는 병원이나 대학교, 연구소에서 가장 많이 쓰는 기능적 자기공명영상(functional Magnetic Resonance Imaging: fMRI)과 방사성동위원소를 이용하는 양전자방출단층촬영(Positron Emission Tomography: PET)을 들 수 있다. 뇌에서 인지 처리가 활발하게 일어날 때는 정보 처리를 하기 위해 산소 소비량이 늘어난다. fMRI는 핏속에 산소를 함유한 헤모글로빈과 산소가 없는 헤모글로빈의 농도 차이를 통해 신호를 감지한다. 그리고 이를 이미지로 형상화한다. 반면, PET은 방사성동위원소를 몸속으로 주사한 다음 이를 추적한다. 방사성동위원소는 피를 타고 빠르게 뇌로 유입된다. 뇌의 활동에 따라 방사성 추적자에서 방출되는 신호를 감지해서 뇌의 질병 유무와 이상을 발견한다. 요즘에는 뇌 속에서 일어나는 전기적 신호에 의해 생성되는 자기장을 통해 뇌의 활동성을 살피는 뇌자도(Magnetoencephalography: MEG) 검사도 늘어나는 추세이다.

　병원에 가서 치매검사나 뇌손상을 입어 뇌 검사를 하게 될 때는 뇌파 검사 혹은 뇌영상촬영과 동시에 인지신경심리검사를 하게 된다. 이러한 검사들은 각각의 역할이 있다. 하나의 검사만으로 뇌 상태를 단정 지을 수가 없기 때문에 다양한 검사가 이루어지기도 한다. 하지만 모든 검사가 동시에 이루어져야 하는 것은 아니다. 환자나 검사받는 사람의 상태에 따라 꼭 필요한 검사가 있기 때문에 불필요한 검사를 굳이 받을 필요는 없다. 필요한 검사가 적재적소에 이루어지는 것이 중요하고, 검사를 했을 경우 다음 단계로 방향을 취할 수 있도록 보다 정확하고 세밀한 분석이 동반되어야 한다.

　앞에 열거한 뇌영상촬영 방법과 분석 방법은 빠르게 발달하고 있지만 뇌 사진으로 진단 불가한 신경 장애는 우리가 상상하는 것보다 많다. 뇌 사진을 찍는다고 기능적 문제점을 다 알 수 있지 않다. 뇌파도 마찬가지이다. 뇌파는 전극을 두피에 부착시켜 뇌신경의 전기적 활동을 포착해 뇌전증, 의식 장애, 뇌기능 이상 등을 감별하는 데 많이 쓰인다. 질병마다 그리고 증상마다 꼭 받아야 하는 검사가 있지만 뇌파의 경우 두뇌 훈련법으로 상업화되어 과도하게 사용되는 경향이 있다. 뇌파훈련을 받으면 집중력을 증가시켜 좋은 성적을 받고 좋은 대학에 갈 수 있다고 선전도 한다. 일부 사람들은 뇌파가 만능인 것처럼 믿기도 한다. 뇌파 훈련법은 인지기능 저하 패턴에 따라 과학적이고 체계적으로 표준화되어 있지 않은 상태에서 무분별하게 시행되기도 한다. 부작용이 없다고 선전하기도 하지만 제대로 시행되지 않으면 예기치 못한 일이 일어날 수 있다.[1]

사람들은 기계를 맹신하는 경향이 있다. 기계가 할 수 있는 일이 있고 못하는 일이 있다. 정확하지 않은 결과도 기계로 보여 주면 사람들은 그럴듯하게 느낀다. 심지어 뇌 사진을 통해 개인의 취향과 적성, 인성을 알 수 있다고 생각하기도 한다. 뇌파 검사나 뇌영상촬영을 통해 문제를 찾는 것도 한계가 있는데, 이를 통해 적성을 파악하는 것은 더욱 어렵다. 그리고 그렇게 찾은 적성은 잘못된 것일 가능성도 있다. 뇌는 지속적으로 변하는데 어렸을 때부터 직업이나 적성을 너무 한정시켜 버리면 자신의 가능성을 보지 못하고 지나칠 수도 있다는 점을 꼭 염두에 두었으면 한다.

참고자료

1. Hammond, D. C., & Kirk, L. (2007). Negative effects and the need for standards of practice in neurofeedback. *Biofeedback, 35*(4), 139-145.

62. 인지기능 향상을 위해 인지훈련이나 인지재활이 왜 필요할까?

문제가 발생하였을 때 저하된 인지기능을 약만으로 향상시킬 수 있을까? 뇌에서 일어나는 생리작용은 복잡하여 뇌 영역과 기능에 따라 호르몬과 신경전달물질의 종류가 다르고 분비되는 농도도 다르다. 약이 척척 알아서 아픈 부위를 찾아가고 부작용 없이 상처 난 부위에 달라붙어 작용하면 더 바랄 것이 없겠지만 아직 그렇지 못하다. 눈에 보이는 외상은 상처 부위를 정확하게 알 수 있고 그 위에 약을 바르고 치료하기 쉽다. 하지만 뇌 안의 상처와 문제들은 눈으로 확인하지 못하는 경우가 많다. 손상 부위가 확인되었다 할지라도 정확하게 어떤 행동적·인지적 장애를 나타낼지 정확하게 예측할 수 없는 경우도 다반사이다. 그래서 저하된 인지기능이나 문제가 되는 인지기능을 평가하여 적절하게 훈련받는 것이 필요하다. 이럴 경우 외부로 드러나는 행동이나 반응을 통해 손상된 인지기능을 체크하고 거기에 맞게 외부에서 자극을 제공하여 뇌 안에서 반응이 일어나도록 이끌어야 한다.

뇌가 손상을 입게 되면 일정 부분 회복이 가능하지만, 한번 죽어 버린 뇌세포는 다시 살아나지는 않는다. 세포가 죽어 버리면 정보 전달 능력이 사라져 버리게 된다. 하지만 뇌는 죽어 버린 세포를 대신할 방법을 찾는다. 외부에서 지속적이고 반복적으로 정보가 들어오게 되면 들어오는 정보를 처리하기 위해 다른 경로를 모색한다. 결국 손상된 영역이 아닌 다른 경로로 정보를 처리하게 된다. 이것이 바로 뇌가소성이다. 뇌손상 환자에게 인지 재활을 시행하는 이유가 바로 뇌가소성에 근거한다.

사고로 인한 뇌손상이나 뇌졸중으로 인해 뇌손상을 입게 되면 손상 정도에 따라 예후가 달라진다. 자연적 치유가 되는 부분도 있지만 심각한 장애를 유발하기도 한다. 네덜란드에서 행한 연구에 따르면, 뇌졸중을 겪은 환자 중 70% 이상이 정보 처리 능력이 떨어지고 최소 40%의 환자들이 기억, 시공간 능력, 언어, 연산 등 인지 영역에서 손상을 입게 된다고 한다.[1] 뇌졸중 후 2년 동안 추적 조사를 해 보니 시간에 따라 인지 손상에서 회복을 보이는 사람은 소수이며 많은 사람이 영구적이고 심각한 인지 저하를 겪었다.[2]

개인마다 인지적 특성이 다르고 뇌손상 환자마다 손상 부위와 증상이 다르다. 뇌손상 발생 초기, 증상에 맞는 전략과 전술을 사용한 적절한 재활 방법을 선택하게 되면 회복이 빨라진다. 주의, 언어, 기억, 지각, 문제해결 등 손상된 인지 영역을 자극하게 되면 인지기능이 향상된다.[3] 또한 치매나 파킨슨병과 같은 퇴행성 질환인 경우도 꾸준히 운동하고 적절한 인지훈련을 받으면 진행 속도를 늦출 수 있다.

뇌는 사용하면 할수록 좋아진다. 그렇다고 아무 훈련이나 마구 하는 것은 아니다. 공부를 하면 할수록 성적이 좋아진다고 비효율적으로 마구 공부하면 어느 선을 넘지 못한다. 인지훈련이나 재활도 마찬가지이다. 자신의 인지 프로파일에 맞게 전략을 세우고 훈련을 하는 것이 가장 효과가 좋다. 언어에 문제가 있는데 기억력 훈련을 하고, 기억력에 문제가 있는데 주의력 훈련만 한다면 한계에 다다르고 만다. 뇌에 문제가 있어 훈련이나 재활이 필요한 사람의 경우 단기간에 해결되지 않는다. 대부분 장기간의 훈련이 필요하다. 인지재활도 손상 영역과 증세에 따라 개별화된 방법이 효과가 더 좋지만 시간적·인적·경제적 제약이 따르는 현실적인 어려움이 있다.

참고자료

1. Hochstenbach, J. B., Mulder, T., van Limbeek, J., Donders, R., & Schoonderwaldt, H. (1998). Cognitive decline following stroke: A comprehensive study of cognitive decline following stroke. *Journal of Clinical and Experimental Neuropsychology, 20*(4), 503-517. doi: 10.1076/jcen.20.4.503.1471

2. Hochstenbach, J. B., Otter, R., & Mulder, T. W. (2003). Cognitive recovery after stroke: A 2-year follow-up. *Archives of Physical Medicine Rehabilitation, 84*, 1499-1504. doi: 10.1053/S0003-9993(03)00370-8

3. Cicerone, K. D., Langenbahn, D. M., Braden, C., Malec, J. F.,

Kalmar, K., Fraas, M., ··· & Ashman, T. (2011). Evidence-based cognitive rehabilitation: Updated review of the literature from 2003 through 2008. *Archives of Physical Medicine Rehabilitation, 92*, 519-530. doi: 10.1016/j. apmr.2010.11.015

63. 운동도 인지를 향상시키기 위한 훈련이 될 수 있을까?

운동은 아무리 강조해도 지나치지 않다. 그렇다고 하루 종일 운동만 해야 하는 것은 아니다. 운동에 중독되는 것도 좋지 않다. 하지만 적당하고 적절한 운동은 신체를 위해서, 또한 뇌를 위해서 무엇보다도 중요하다. 운동은 어린아이에게도, 청소년에게도, 그리고 어른과 노인들에게도, 뇌손상을 입은 환자에게도 인지기능을 유지하거나 향상시키기 위한 바탕을 만드는 데 최고의 훈련 방법이다. 운동은 내 몸만 있으면 언제 어디서나 할 수 있다는 장점까지 갖추고 있다. 또한 장소의 제약 없이 어디서나 할 수 있다. 반드시 개인 트레이너가 있어야 하는 것도 아니다.

신경생성은 보통 엄마의 배 속에서부터 생후 초반에 일어난다. 하지만 기억의 저장고라고 불리는 해마에서는 성인이 되어도 세포가 생성된다. 새로이 생성된 세포는 얼마 지나지 않아 죽게 되는데, 새로운 기술이나 운동을 애써서 학습하게 되면 해마에서 생성된 신경세포가 죽지 않고 더 오래 살아남는다. 미국 럿거스(Rutgers) 대학교의 쇼즈(Shors) 교수 연구팀이 성인 쥐에게 어려운 운동 과제를 부과했다. 쥐는 가속도가 붙어 돌아가는 로타로드(rotarod) 트레드밀에서 바닥에 떨어지지 않고 균형을 잡으면서 달리는 기술을 익혔다([그림 63-1] 참조). 이렇게 훈련한 쥐가 운동 기술 습득에 성공하게 될 때 해마에서 생성된 신경세포가 죽지 않고 더 오래 살아남았다. 운동을 하지 않거나 회전 바퀴와 같은 쉬운 운동 과제를 통해 자유롭게 운동을 한 쥐들에게는 이러한 현상이 나타나지 않았다.[1]

에어로빅과 같은 유산소 운동은 뇌기능 향상에 도움이 된다. 그렇다고 해서 모든 사람이 다 유산소 운동을 해야 하는 것은 아니다. 무리하게 운동을 하게 되면 오히려 병을 얻게 된다. 운동을 싫어하는 사람은 자신이 가장 잘하고 흥미를 느끼는 신체 운동을 찾는 것이 좋다. 어떤 사람은 정적인 요가를 좋아하고 스트레칭이나 단전호흡이 자신에게 잘 맞는다고 하는 사람도 있다. 자신에게 잘 맞는 운동을 찾아 규칙적으로 꾸준하게 하면 뇌를 건강하게 유지하는 데 도움이 된다. 텔레비전에서 건강에 좋다는 운동이 방송되면 자신의 신체나 근육 상태를 생각하지 않고 따라 하는 경우가 있다. 자신의 몸 상태에 맞는 운동을 찾아서 하는 것이 사고를 예방하고 신체 건강과 정신 건강까지 챙길 수 있다.

운동과 더불어 뇌기능 향상을 위해 일상생활에서 할 수 있는 일을 한 가지 더 추천한다면 바로 사람들과의 어울림이다. 요즘 혼술, 혼밥이 일상화된 사람들이 많다. 취업 준비생들은 좁은 고시원에서 혼자 공부하고, 독거노인들은 혼자 집에서 지낸다. 아이들도 학교와 학원으로 개인 스케줄에 맞춰 바삐 움직이다 보니 함께 어울려 마음껏 놀 기회가 별로 없다. 놀이터에는 놀 아이가 없다고 한다. 뇌 건강에 역행하는 삶의 형태이다. 사람들과 어울려 이야기하고 노는 활동은 인지와 정서에 핵심적인 역할을 한다. 사람을 만나 이런저런 담소를 나누면 뇌에 저장된 정보를 인출하고 새로운 이야기를 듣고 입력한다. 게다가 웃고 공감할 수 있는 기회가 늘어나 정서 활동에 좋다는 것은 말할 필요도 없다. 자연스럽게 인지 활동을 활발하게 하게 된다. 물론 갈등이 생기기도 하지만 갈등을 조절하는 방법도 삶에서 배워야 하는 부분이다. 운동을 하면서 사람들과 교류하는 것도 좋은 방법이다. 그러면 일거양득의 결과를 얻을 수 있다.

운동을 통해 체력을 기르고 지구력을 갖추게 되면 공부하는 데 도움이 될 수 있고 스트레스도 풀 수 있다. 또한 주의력이 향상되거나 반응 속도를 올릴 수 있는 가장 손쉬운 방법 중 하나이기 때문에 결국 운동은 인지 능력이 좋아지도록 기초를 다지는 행위라고 생각하면 된다. 아동이나 청소년들이 학교에서 신체 움직임이 많은 운동을 하게 되면 학업 성취도가 올라가고 성인도 유산소운동을 하면 집행관리기능, 조절기능, 공간능력, 정보 처리 속도 등이 좋아진다.[2] 걷기도 훌륭한 운동이다. 2014년에 스탠퍼드 대학교에서 걷기와 창의적 사고와의 관계를 연구 발표하였다. 사람들이 앉아 있을 때보다 걸으면서 더 창의적인 아이디어를 생각해 낸다고 한다. 의자에 앉아서 사고하는 것보다 자신에게 맞는 속도로 러닝머신에서 걸을 때 창의성이 올라가고, 러닝머신보다는 밖에서 자유롭게 걸으면서 더 새롭고 창의적인 사고를 한다는 것이다.[3] 인지기능을 향상시키고자 한다면, 책상 앞에만 가만히 앉아 있는 것은 결코 바람직하지 않다.

참고자료

1. Curlik II, D. M., Maeng, L. Y., Agarwal, P. R., & Shors, T. J. (2013). Physical skill training increases the number of surviving new cells in the adult hippocampus. *PLoS One, 8*(2), e55850. doi: 10.1371/journal.pone.0055850

2. Hillman, C. H., Erickson, K. I., & Kramer, A. F. (2008). Be smart, exercise your heart: Exercise effects on brain and cognition. *Nature Reviews of Neuroscience, 9*, 59-65. doi: 10.1038/nrn2298

3. Oppezzo, M., & Schwartz, D. L. (2014). Give your ideas some legs: The positive effect of walking on creative thinking. *Journal of Experimental Psychology: Learning, Memory, and Cognition, 40*(4), 1142-1152. doi: 10.1037/a0036577

쥐에게 나타난 운동의 효과

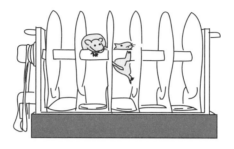

로타로드(rotarod) 트레드밀 위에서 쥐가 운동을 하는 모습

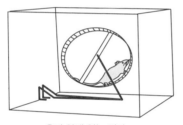

우리 안에 있는 쥐가
자유롭게 회전바퀴를 도는 모습

우리 안에 있는 쥐의 모습

로타로드는 가속도가 붙으면서 돌아간다. 쥐는 바닥에 떨어지지 않고 균형을 잡으면서 달리는 법을 익혀야 한다. 이 기술을 습득한 쥐는 해마에서 새로이 생성된 신경세포가 죽지 않고 오래 살아남았다. 하지만 회전바퀴에서 자유롭게 운동한 쥐나 운동을 전혀 하지 않은 쥐에게서는 이러한 현상이 나타나지 않았다.

기억 형성에 핵심 역할을 하는 해마에서는 성인이 되어서도 세포가 생성된다. 새로이 생성된 세포는 얼마 지나지 않아 죽게 되는데 어려운 운동 과제를 통해 기술을 익히게 되면 성인 쥐의 해마에서 세포가 오래 살아남는다.[1]

그림 63-1

Part 11

인지의 응용:
인공지능

64. 인공지능은 무엇일까?

   사람들은 인공지능(Artificial Intelligence: AI)은 일어날 수 있는 모든 경우의 수를 저장하고 확률을 계산하여 저장된 지식을 인출한다고 생각한다. 하지만 이러한 정의는 진정한 의미에서의 인공지능이 아니다. 인공지능은 말 그대로 인간의 지능을 흉내 낼 수 있는 인공적인 시스템을 의미한다. 인공지능을 구현하기 위한 가장 기본적인 개념은 단순한 기계적 계산에서 벗어나서 인간의 뇌에서 일어나는 인지 처리 방식을 응용하여 인간의 행동 모방이 가능하도록 설계하는 것이다.

   현재 인공지능은 머신 러닝이나 인지컴퓨터 쪽으로 가고 있다. 인간의 신경세포의 기제를 흉내 내고 인간이 하는 행동과 유사한 결과를 창출하고자 한다. 그러기 위해서는 인간의 신경망 시스템을 인공지능에 응용한다. 신경망도 나름이지만 신경망을 이용한 인공지능은 인간이 학습하고 반응하는 것을 보다 잘 흉내 낸다. 이러한 인공지능을 사용하게 되면 우리가 상상하는 것 이상의 영역에서 예측하지 못했던 능력을 발휘한다. 인간이 전혀 생각하지 못했던 답을 찾아낼 수 있는 것이다.

요즘 선전에 인공지능을 이용했다는 문구가 난무한다. 조금이라도 인간의 지능을 흉내 낼 수 있을 정도로 잘 만든 인공지능은 그리 흔치 않다. 하지만 인공지능은 지속적으로 진화하고 빠르게 발달한다. 현재 많이 연구되고 있는 영역은 언어 인식과 이해, 학습, 추론과 유추, 지각과 패턴 인식, 컴퓨터 비전, 검색(search), 범주화 등 다양하다. 학습이 가능한 인공지능은 새로운 정보가 들어오면 그것을 입력하고 저장하고 인간처럼 학습할 수 있는 능력을 흉내 낼 수 있으며 이미 축적된 지식에 연결한다. 지식이 들어오고 학습될수록 더욱 정확하게 문제해결, 판단, 유추, 추론이 가능하게 된다. 우리 주변에는 좁은 의미의 인공지능(narrow AI)을 이용한 프로그램들이 꽤 있다. Narrow AI는 알파고처럼 특정 영역에 국한된 인공지능을 의미한다. 우리들이 사용하는 페이스북의 친구 추천 기능은 인공지능을 이용한 것이다. 또한 인공지능을 이용한 음성인식 개인비서 시스템은 현재 여러 회사에서 앞다투어 선보이고 있다.

대한민국을 뒤흔들어 놓은 알파고를 생각하면 인공지능을 뼛속까지 체감할 수 있다. 이세돌 9단의 뇌 속 기억 시스템에는 바둑에 대한 지식이 들어 있다. 새로운 수가 들어오면 새로 학습하고 저장한다. 이때 기존에 존재하던 지식과 새로운 지식을 연결하여 업데이트한다. 그러면 지식은 재구성된다. 그런 지식을 바탕으로 바둑을 둔다.

알파고의 기억 체계에도 바둑에 대한 지식이 저장된다. 새로운 수를 배우면 새로 학습하고 저장한다. 기존에 저장된 지식과 새로 받아들이는 지식을 연결한다. 이세돌 9단의 뇌에서 일어나는 생리적 처리 과정과 알파고의 기계적 방식은 차이가 나지만 새로 들어오는 지식을 받아들이고 기존에 저장한 지식과 연결한다는 점에서는 같다. 이런 지식을 바탕으로 인공지능은 인간의 행동을 흉내 낸다. 사실 흉내 내는 것 이상의 일을 한다. 인간과 달리 구체적 기억과 빠른 계산을 바탕으로 인간보다 더 정교하거나 정확한 정보를 생산해 낼 수 있다.

이러한 인공지능을 만들기 위해서는 단순히 알고리즘을 잘 짜는 능력을 뛰어넘는 무엇인가가 필요하다. 바로 인간의 뇌에 대한 이해이다. 단순한 프로그래밍 기술만으로는 해결할 수 없다. 인공지능은 인간 뇌의 기제를 모방하기 때문에 인지과학, 생리학, 의학, 심리학, 전자공학, 컴퓨터 공학 등 학제 간 협업을 통해 제대로 발전할 수 있다. 알파고가 휩몰아친 이후 사람들은 인간만이 할 수 있는 것, 인공지능이 못하는 것을 찾고자 애쓴다. 인공지능 기술이 과연 어디까지 갈 것인지 누구도 알지 못한다. 테슬라(Tesla)를 이끄는 머스크(Musk)를 비롯한 일부 사람들은 가공할 만큼 무시무시한 일이 벌어질 것이라 예견하고, 또 다른 일부는 긍정적인 미래를 가져다줄 것으로 믿는다. 기술의 발달은 성큼 걷다가, 뛰다가, 날아간다. 불가능한 일이 가능한 일이 된다.

65. 인공지능과 인간의 인지기능상 가장 큰 차이점은 무엇일까?

　인공지능과 인간의 인지기능상 가장 큰 차이점은 한꺼번에 처리할 수 있는 계산능력과 기억의 구체성이다. 물론 다른 차이점도 있다. 인간은 컴퓨터의 계산을 따라가지 못한다. 단순한 계산기의 정확성조차 인간의 계산능력이 따라가지 못하는 것처럼 말이다. 누구도 부인할 수 없는 사실이다. 또한 인간의 기억은 우리가 생각하는 것만큼 세밀하지 않다는 것이다. 하지만 기계는 다르다. 컴퓨터에 저장되는 정보들은 구체적이다. 심지어 내비게이션에도 수많은 정보가 구체적으로 저장되어 있다. 집에서 멀리 떨어져 있는 학교까지 혹은 직장까지 가는 길에 쭉 늘어서 있는 건물의 색깔, 간판, 전화번호를 우리는 일일이 다 기억할 수 없다. 내비게이션처럼 건물 이름과 도로명을 정확하게 알고 있지 않더라도 길을 찾아갈 수 있다. 실제로 목적지로 가는 길에 즐비한 건물과 간판들은 기억을 일깨우는 단서로 사용되기 때문에 우리가 구체적으로 세부 내용들을 다 기억하지 않아도 집을 찾는 데 문제없다.

2015년에 UCLA 대학 심리학과 연구팀이 발표한 논문에 따르면, 85명의 학생에게 애플 로고를 얼마나 정확하게 회상하는지 그리게 했더니 오직 1명의 학생만이 완벽하게 그랬다.[1] 로고를 회상하기 전에는 자신의 기억에 대해 자신감을 나타냈지만 막상 기억 안에 들어 있는 정보를 인출해 보니 실제 기억과 차이가 있다는 것이다. 사람들은 자신의 기억에 대해 확신하는 경향이 있지만 인간의 기억 시스템에는 지극히 세부사항까지 구체적으로 저장되지 않는다. 약 1.5kg의 뇌에 정보를 일생 동안 저장하고 업데이트하면서 살기 위해서는 컴퓨터와 같은 기억이 아니라 오히려 구체적이지 않지만 전체적이고 추상적인 기억의 표상 방법이 필요할지도 모르겠다.

알파고와 이세돌 9단의 대결로 대한민국이 들썩거렸다. 이세돌 9단이 연속으로 질 때 사람들은 어떻게 기계에 질 수 있나 충격을 받기도 했다. 알파고의 능력과 인간의 능력은 '진다' '이긴다'로 나뉘어 서로 내기할 수 있는 경쟁의 대상이 아니다. 우리는 컴퓨터가 인간보다 계산이 빠르고 정확하다는 것을 당연하게 생각한다. 또한 내비게 이션보다 시공간 방향 찾기 능력이 떨어진다고 통탄할 사람은 아무도 없다. 오히려 길치인 사람들은 내비게이션 때문에 운전할 수 있고 장소를 찾을 수 있다고 고마워한다. 그런데 우리는 컴퓨터보다 계산 속도와 정확도가 떨어지고 내비게이션보다 방향과 주소를 찾는 능력이 떨어진다고 충격을 받지 않으면서 알파고의 승리에 충격받는다.

인간의 뇌는 입력되는 정보를 모두 처리할 수 없다. 오감으로 들어오는 정보를 다 받아들이지는 않는다. 일부분의 정보만을 받아들여 뇌에서 처리한다. 또한 뇌는 용량이 제한되어 있어서 걸러져서 들어오는 정보도 한꺼번에 처리하지 못한다. 뇌에서는 정보들끼리 경쟁도 일어난다. 이때 주의력이 개입되고 주의를 받은 정보가 우선적으로 처리된다. 용량이 허용하는 한에서 들어오는 정보를 구체적이고 세밀하게 처리하는 기계와 인간의 차이는 분명하다. 그래서 사람들은 제대로 만들어진 인공지능의 위력을 겁내는 것이다. 이제 인간의 삶에 긍정적인 보탬이 되도록 인공지능의 개발 방향과 용도를 진지하게 고민해야 할 때이다. 알파고의 충격에서 허우적댈 수는 없다.

참고자료

1. Blake, A. B., Nazarian, M., & Castel, A. D. (2015). The Apple of the mind's eye: Everyday attention, metamemory, and reconstructive memory for the Apple logo. *The Quarterly Journal of Experimental Psychology, 68*(5), 858-865. doi: 10.1080/17470218.2014.1002798

어느 쪽이 계산을 정확하고 빠르게 할까?

 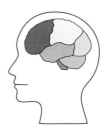

어느 쪽이 길을 더 정확하고 빠르게 찾을까?

 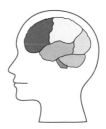

어느 쪽이 바둑을 더 잘 둘까?

AlphaGo

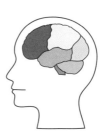

우리는 계산기보다 계산이 빠르고 정확하지 못해도 놀라지 않는다. 내비게이션보다 길을 잘 찾지 못해도 씁쓸해하지 않는다. 하지만 알파고가 인간보다 바둑을 잘 둔다는 사실에 충격을 받았다. 계산기 덕분에 계산을 잘할 수 있고 내비게이션 덕분에 모르는 길도 겁 없이 운전해 간다. 그런데 알파고 때문에 우리는 충격에 빠졌다. 왜?

───── 그림 65-1 ─────

66. 인공지능이 인간을
대신할 수 있는 분야는 어디까지일까?

    IBM에서 개발한 인공지능 왓슨(Watson)은 〈제퍼디(Jeopardy)〉라는 미국 퀴즈 프로그램에서 74번이나 우승을 한 퀴즈왕을 2011년에 이겼다. 왓슨은 인간의 질문을 알아듣고 답을 찾아낼 줄 안다. 왓슨은 퀴즈 대결을 위해 다양한 지식을 쌓았지만 퀴즈왕이 된 이후 의료 분야에 진출하여 암을 진단한다. 가천대학교 길병원은 IBM 본사에서 왓슨을 도입하여 암 환자를 진료하고 치료하는 데 이용하여 2016년 12월에 첫 환자를 대장암 3기로 진단하였다.

    인공지능은 이처럼 전문지식이 필요한 영역에서 효율적으로 이용될 수 있다. 앞서 언급한 대로 대용량의 지식을 구체적으로 기억하기 때문에 많은 데이터를 기반으로 예측과 자문이 필요한 영역, 의료, 보험이나 법률 등 전문적인 지식이 필요한 부분, 인간의 눈과 귀를 대신할 수 있는 기계 등 다양한 영역에서 이용될 수 있다. 심지어 인공지능을 장착한 로봇은 몸을 움직이지 못하는 환자를 들어 올리거나 원자력이나 위험한 산업현장에서 인간을 대체할 수 있다. 인공지능의 도움을 받는 직업군은 기술이 발달할수록 점점 더 늘어날 수밖에 없을 것 같다.

인터넷 서점으로 시작한 미국 아마존(Amazon)이라는 회사는 현재 인공지능 연구·개발에 많은 돈을 투자하고 상품화하고 있다. 이한 회사에서 시도하고 있는 일들은 놀랍기만 하다. 인간 사회에서 삶의 모습을 바꾼다. 아마존에서 개발하고 이용하는 인공지능과 로봇을 예로 들면 우리의 삶이 어떻게 바뀌어 가는지 대략 상상할 수 있을 것이다.

아마존에서 개발한 알렉사(Alexa)는 음성인식 서비스를 한다. 아마존 스피커 에코에 탑재되어 음성으로 들리는 명령을 인식하고 수행한다. 시간을 물어보면 시간을 가르쳐 주고, 음악을 틀어 달라고 하면 음악을 튼다. 예정된 스케줄 관리도 하고, 음식도 시킬 줄 안다. 말하자면 비서인 셈이다. 사야 할 물건이 생각날 때마다 메모하지 않고 얘기하면 알렉사가 쇼핑 목록을 저장한다. 아직까지 어린아이의 혀 짧은 발음을 정확하게 알아듣지 못하는 것과 같이 개선되어야 할 점도 있지만 생활이 정말 편리해졌다. 이러한 음성인식 비서는 특히 시각장애인에게 큰 도움이 된다. 다른 회사에서도 앞다투어 제품을 선보이고 있다. 구글 나우(Now) 혹은 구글 어시스턴트(Assistant), 마이크로소프트의 코타나(Cortana), 애플의 시리(Siri), 삼성의 빅스비(Bixby) 그리고 네이버의 웨이브(Wave) 등이다. 이제 아마존에서는 음성인식 서비스에 시각 서비스를 위한 모니터까지 탑재하여 아마존

에코 쇼(Amazon Echo Show)를 시장에 내놓았다. 이러한 음성인식 서비스는 이미 일반화되어 우리의 일상생활에서도 벌써 많이 쓰이고 있다.

인공지능과 로봇은 산업현장의 체제를 바꾸어 놓는다. 아마존 물류 창고에는 짐을 옮기는 키바(Kiva) 로봇이 있다. 키바는 340kg까지 물건을 지탱할 수 있고 시간당 5마일의 속도로 움직인다. 키바를 도입한 후 한 시간 이상 걸리던 물류창고 작업 사이클(선반에서 물건을 꺼내 박스에 넣기까지)이 15분 정도로 현저히 줄었다. 2016년에 30,000대의 키바가 아마존 물류창고에 배치되었고 현재 15,000대가 추가 배치되었다. 운영 경비가 20%가량 줄었고 재고를 적재할 공간은 반대로 늘었다. 이러한 로봇의 활동은 물류창고의 인력을 줄인다고 염려할 수 있으나 아마존 측에서는 로봇을 쓴다고 직원의 수가 줄어드는 것은 아니라고 한다. 사실인지 아닌지는 알 수 없으나 일단 로봇이 인간이 하던 일을 대체하게 된 것은 사실이다.

아마존의 로봇 사용은 점점 늘어 간다. 아마존이 운영하는 식료품 마트 아마존 고(Amazon Go)는 50평 정도의 매장으로 시애틀에 있다. 인공지능과 로봇이 일을 한다. 아마존 고에는 소수 직원만 필요하다. 아마존 고에 관한 유튜브 영상을 보면 놀라움을 금할 수 없다. 슈퍼에 들어갈 때 아마존 고 애플리케이션을 이용하여 스마트폰으로 스캔하고 들어간다. 물건을 집으면 자동적으로 계산이 된다. 물건을 제자리에 놓으면 알아서 계산에서 빠진다. 컴퓨터 시각(computer vision), 딥러닝 알고리즘(deep learning algorithm) 그리고 센서 융합(sensor fusion)을 응용하여 물건을 추적한다. 줄을 서서 계산대를 지날 필요도 없고 물건을 고른 다음 마트를 유유하게 나오면 자동적으로 계산이 다 되어 소비자에게 영수증을 발송한다. 아마존 고의 광고 영상을 보면 어떤 직업이 사라질 것인지 짐작할 수 있다.

인공지능은 아주 많은 부분에서 인간을 대신할 수 있다. 인공지능이 할 수 있는 부분은 거의 모든 영역이다. 대신하지 못할 분야를 고르는 것이 더 힘들다. 우리와 똑같이 생긴 로봇이 인간의 지능을 가지고 인간처럼 행동한다는 공상과학과 같은 일들은 정말 먼 미래의 이야기나 상상 속의 이야기일 수 있다. 하지만 알파고와 같은 인공지능이 특정 영역별로 엄청난 속도로 발달하고 있다. 또한 다양한 영역에서 알파고보다 훨씬 똑똑한 인공지능이 나오는 것도 그리 먼 미래가 아니다.

우리 사회는 이미 인간을 닮은 영특한 기계를 만들어 가고 이를 생활 곳곳에서 이용하기 시작했다. 머지않은 미래에 요리하고 청소하는 로봇이 아파트의 장착형 가구로 포함되어 분양되고, 상점에 가면 로봇이 고객을 맞이하고 물건을 팔 것이다. 하루를 끝내고 집으로 가면 로봇개가 반겨 주고 함께 산책하는 모습은 그리 낯설지 않게 될 것이다. 사랑하는 애완견이 세상을 떠나는 슬픔을 맛보지 않아도 된다. 유튜브에서 '로봇개' 혹은 '인공지능'을 검색해 보면 세상이 바뀌는 현실을 좀 더 깊이 체감할 수 있다. 이제 세상은 숨 가쁠 정도로 빠르게 바뀌고 있다. 한번 시작된 기술의 발달은 지금까지 발달과는 비교가 되지 않을 정도로 빠르게 가속화될 수 있다.

67. 인공지능은 우리의 감정을 공감하고 위로해 줄 수 있을까?

　많은 사람이 감정과 관련되거나 인간의 상호작용과 관련된 부분은 인공지능이 대신할 수가 없다고 말을 한다. 천만의 말이다. 요즘 인간과 대화하는 인공지능을 개발하는 사람들이 있다. 기계가 인간이 하는 말을 제대로 알아듣고 반응한다면 기계가 우울증에 빠진 인간을 위로해 주는 말도 하지 않을까 한다. 미래에는 우리가 기계와 손잡으면서 감정의 위로를 받을 것이다. 그 미래는 멀지 않았다. 이 사실을 거부하고 싶은 사람들이 많을 것이다. 하지만 실현 가능한 이야기이다.

　자신이 처한 상황으로 실의에 빠져 어깨를 축 늘어뜨리고 앉아 있는데 뒤에서 이런 말이 들려온다고 상상해 보자. "힘내. 지금은 힘들어도 잘 할 수 있을 거야." 인공지능이라 할지라도 우리의 마음의 폐부를 파고든다면 울컥할지도 모른다. 그리고 위로를 받을 수 있다.

그것이 기계이든 아니든 언어라는 매개체를 통해 감정을 충분히 자극할 수 있다. 또한 기술의 발달로 로봇도 인간처럼 표정을 지을 수 있다. 웃는 표정, 화난 표정, 슬픈 표정 등 다양한 표정을 지으면서 감정을 말로 표현한다면 인공지능이 탑재된 로봇은 고독의 시대에 훌륭한 친구가 될 수 있다. 어쩌면 인간이 로봇에게 더 쉽게 마음을 열고, 속마음을 토로하고, 신뢰할지도 모른다.

감정을 공유하기 위해서는 인공지능이 언어를 이해하는 능력을 가지는 것이 핵심이다. 물론 신체에서 나오는 혈압, 맥박 등 생체 정보와 얼굴 표정 인식을 통해서도 가능한 일이지만, 언어로 감정을 표현하게 되면 더욱 섬세하게 감정을 공유할 수 있다. 현재 인공지능을 연구하는 많은 학자가 연구하는 분야는 언어이다. 인간의 말을 알아듣고 인간에게 응대를 할 수 있는 인공지능을 만들고자 부단히 노력한다.

언어를 알아듣는다는 것은 엄청나게 복잡한 인지 활동이다. 무작정 단어만을 배열할 수 있다고 해서 인간의 대화를 다 이해할 수 없다. 횡설수설하는 말을 듣고 정확한 의미를 이해하는 것은 인간에게도 쉬운 일은 아니다. 또한 간단한 문장 내에서도 하나의 음운이 문장의 의미를 완전히 바꿔 놓을 수 있다. 예를 들어, '배를 타러 갈 거야.'와 '배를 따러 갈 거야.'라는 문장에서 'ㅌ'과 'ㄸ'의 자음 하나가 의미를 완전히 변형시킨다. 이러한 차이점을 인공지능이 이해하고 대화의 맥락을 파악할 줄 안다면 언어를 제대로 이해하는 인공지능이 탄생하는 것이다. 인공지능과 서로 공감하는 대화를 나누다가 "외로움을 달래려고 배를 타러 갈 거야."라고 말을 했는데 인공지능이 "달

콤한 배를 먹으면 기분이 좋아질 거야."라고 한다면 공감 능력은 떨어질 것이다. "배를 타고 바람을 쐬면 기분이 좋아질 거야."라고 반응했을 때 비록 기계와 대화를 할지언정 서로 공감한다는 감정은 싹틀 수 있다. 인공지능과의 공감 능력은 인간이 손을 맞잡고 서로의 체온을 느끼는 감정이 아니라 언어를 통한 공감과 표정 및 제스처와 같은 비언어적인 사회적 신호에 의한 공감이 주를 이룰 것이다.

이 글을 읽는 누군가는 턱도 없는 이야기라고 할 수도 있다. 턱도 없는 이야기가 아니라 바로 우리 앞에 닥친 일이다. 일본 소프트뱅크(Softbank)는 어마어마한 돈을 투자하여 감정 로봇 페퍼(Pepper)를 연구·개발하고 있다. 이미 소프트뱅크 폰 가게에 페퍼를 배치하여 고객들에게 전화 사용법을 설명해 주고 심지어 일본 네스카페(Nescafe) 매장에서 커피도 팔고 있다. 페퍼는 학교에서도 일하기 시작했다. 사회성이 부족한 학생들이 선생님과 잘 소통하도록 도와주고 영어와 로봇 기술을 학습하는 데 도움을 주고 있다. 유튜브에 들어가 사람들과 감정을 공유하는 페퍼의 영상을 살펴보면 인간과 로봇이 나눌 수 있는 공감은 과연 어디까지인지 깊이 생각하게 된다. 페퍼는 마음의 상처를 입은 사람에게 기운을 북돋아 주고, 자신을 알아 주는 사람과 손을 잡고 교감하고, 게임에서 지면 속상해한다. 그리고 혼자 사는 사람들의 친구가 된다. 이제 인간과 기계가 감정을 공유하는 시대의 서막이 열렸다. 기술의 발달로 인간끼리 감정을 공유하는 시대를 뛰어넘게 되었다.

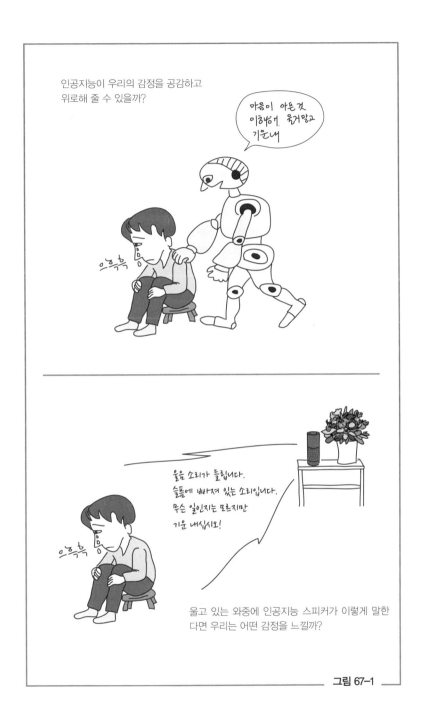

68. 인간이 인공지능에 지배당할 수도 있을까?

인공지능이나 로봇에 대해 이야기를 나누면 사람들은 공상과학 영화에서 나오는 장면을 상상한다. 영화 속 이야기처럼 인간이 인공 지능에 지배당할지, 과연 그러한 일이 실제 일어날지 궁금해한다. 어떤 사람들은 기계가 인간을 지배하고자 하는 욕구와 욕망을 가지기 어렵기 때문에 그렇게 쉽게 일어날 일이 아니라고 한다. 그럴 수도 있다. 하지만 기계는 지배 욕망이나 욕구를 가질 필요가 없다. 지배한다거나 지배당한다는 느낌과 감정은 인간이 가지고 있다. 점점 강해지는 기계 앞에 강해지는 것도 인간이고, 약해지는 것도 인간이다. 결국 인간이 생각하기 나름이다. 행동하기 나름이다. 인공지능 시대에 윤리적인 가치가 강조되어야 하고, 기계화된 사회에 보다 능동적인 인간의 삶이 요구되는 이유이다.

미래의 인공지능은 얼마나 똑똑할지 상상하기 쉽지 않다. 설사 인

간을 지배하고자 하는 고차원적인 마음이 없더라도 인공지능 자체의
지식은 당연히 인간을 넘어선다. 알파고는 바둑에서 시작했지만 어
떤 정보도 습득할 수 있는 범용학습기계를 지향한다. 무엇이든 배우
고 학습할 수 있는 기계이다. 온몸이 오싹하고 머리카락이 주뼛 서는
느낌이다. 무슨 정보가 들어와도 인간처럼 학습이 가능한 범용학습
기계를 쉽게 만들 수 있는 것은 아니지만, 특정 영역에서 두각을 드러
내는 인공지능의 세계는 영역을 점점 넓혀 나가게 될 것이다. 만약
범용학습기계와 같은 인공지능이 개발된다면 산업분야에 핵폭탄급
효과를 지닐 수 있다고 생각한다. 인간은 스스로의 존재에 대해 심각
하게 고민해 보아야 할 것 같다.

이세돌과 대국한 알파고의 설계 방식을 살펴보면 알파고는 지도
학습(supervised learning) 방법을 이용하여 바둑을 학습했다. 인간이
둔 기보를 알파고에 미리 입력시켰다. 입력된 기보는 알파고가 학습
하는 동안 해답지 혹은 정형화된 반응 틀 역할을 한다. 특정 수에 반
응 패턴을 가르치기 위해 인간이 둔 기보를 미리 입력한 것이다. 그
런 다음 훈련을 통해 입력된 정보에 대해 반응 형태를 가르친다. 그
리고 알파고는 더욱 강해지기 위해 강화학습을 한다. 자가연습(self
play)을 통해 지금껏 바둑고수들이 전혀 생각하지 못했던 새로운 수
와 전략을 찾아내기도 한다. 바둑판 앞에 혼자 앉아 흰 돌과 검은 돌
을 놓으면서 바둑을 공부하는 사람의 모습은 사뭇 알파고가 혼자 연
습하면서 전략을 학습하는 방법과 다를 것은 없는 듯하다. 누군가 이
렇게 질문할 것 같다. 인간이 둔 기보를 바탕으로 학습했는데 알파고
가 왜 인간보다 더 강한 것인지 말이다. 이는 앞에서 이야기한 기억

의 저장 형태와 계산의 정확성 때문이다. 인간의 지식 표상 방법으로
는 따라갈 수 없다.

알파고가 더욱 진화하고 있다. 알파고는 지도학습을 이용한 알파
고 리(Alphago Lee)에서 자기 강화학습(reinforcement learning)을
이용한 알파고 제로(Alphago Zero)로 한 단계 발전하였다. 얼마 전
『네이처(Nature)』에 발표된 알파고 제로는 인간의 기보를 입력시키지
않고 스스로 배우고 학습한다.[1] 지금까지 인간이 두었던 기보를 정형
화된 틀로 사용하는 것이 아니라 바둑판에 무작위로 돌을 놓고 자기
와 대국하면서 바둑을 스스로 배운다. 신경망에 강력한 검색(search)
알고리즘을 장착하여 다음 수를 계산하여 신경망을 튜닝하고 업데이
트한 후 그다음 훈련 대국에 이용한다. 자기 스스로 바둑을 배우고
가르치는 형국이다. 이러한 과정을 반복하면서 알파고는 인간의 바
둑 지식에 의존하지 않고 더 강력해졌다. 이런 발전 단계는 스타크래
프트와 같은 게임에 도전하기 위해 거쳐야 할 단계이며, 범용학습기
계로 나아가기 위해 가야 할 길일 것이다.

구글의 연구과학자 퀵 레(Quoc Le)는 강력하고 진정한 의미의 인
공지능을 개발하기 위해서 비지도학습(unsupervised learning)은 도
전해야 할 가장 큰 장애물이라고 하였다. 비지도학습은 앞에서 언급
한 지도학습과 달리 인간이 입력해 주는 정형화된 틀이나 해답지가
필요 없다. 그냥 경험하면서 학습해 나가는 방법이다. 엄마 배 속에
있던 아기는 태어나면 금방 사람들의 얼굴을 구별할 수 없다. 저절로
되지 않는다. 고양이와 개를 보고 구별하지 못한다. 하지만 수많은
고양이와 개의 얼굴을 경험으로 학습하면서 점차 사람, 고양이, 개의

얼굴 패턴에서 미묘한 차이를 인식하고 구별할 수 있게 된다. 이러한 패턴 인식 능력을 갖추기까지 수없이 많이 경험하고 학습한다. 비지도학습 방법으로 정보를 습득하는 인공지능은 지극히 인간적인 방법을 쓰지만 인간의 능력과는 비교될 수 없을 정도로 강력해질 수 있다. 현재 인공지능분야에 뛰어든 많은 연구자는 비지도학습을 통해 놀라울 능력을 발휘할 인공지능 개발을 목표로 한다. 참고로, 알파고 제로는 완전한 비지도학습으로 바둑을 습득한 것은 아니다.

인공지능 시대에는 현대사회에서 경제 구조상 빈익빈 부익부의 현상이 나타나듯 우리의 뇌가 능동적인가 아니면 수동적인가에 따라 뇌기능상에도 빈익빈 부익부와 같은 현상이 나타날 수 있다. 능동적인 뇌를 지닌 사람은 기계에 휘둘리지 않고 인공지능 시대에 맞춰 잘 적응하고 살지만 수동적인 뇌는 지식, 의사결정, 문제해결을 기계에 의존하기 때문에 뇌기능이 점점 떨어지고 인지기능이 빠르게 저하될 수도 있다. 결국 기계에 지배받느냐 받지 않느냐는 우리 자신에게 달려 있다.

인공지능이 발달하면 암기하는 지식은 별로 필요 없다고들 말한다. 기계가 다 알려 주기 때문이다. 하지만 이런 시대에는 능동적인 뇌를 만들려고 애써야 한다. 오히려 더 생각하고 고민하고 사고하고 이해하려는 노력을 인간이 해야 한다. 마치 신입직원에게 일을 가르치려면 상사가 일에 대해 파악하고 있어야 하듯이 말이다. 세부적인 지식은 인공지능의 도움을 받지만, 일의 전체적인 윤곽, 나아가야 하는 방향은 인간이 잘 파악해야지 인공지능이 가르쳐 주는 대로 수동적으로 따라가게 되면 인간의 뇌는 더 이상 발달할 수 없다. 심지어 우수하다고 생각하는 인공지능에 도리어 지배당한다고 생각할 것이다.

애플 CEO 팀 쿡(Tim Cook)은 2017년에 MIT 대학교 졸업식 축사에서 인간성, 인간적 가치를 강조했다. 그의 연설을 들어 보면 다음과 같은 내용을 언급한다. "기술은 위대한 것을 할 수 있는 능력이 있지만 기계 자체는 위대한 것을 하기를 원하는 것이 아닙니다. 기술은 원하는 것이 없습니다. 무엇을 원하는지는 우리, 바로 인간으로부터 기인합니다." 또한 팀 쿡은 인공지능이 인간처럼 생각하는 능력을 갖는 것이 걱정스러운 것이 아니라 인간이 컴퓨터처럼 생각해서 인간적인 가치나 동정심도 없고 결과에 관해 염려하지 않을 것을 걱정한다고 했다.[2] 그의 연설은 인공지능 시대를 이끌어 가는 우리에게 무엇이 중요한지 그리고 어떻게 이 기계화 시대를 이끌어 가야 할지 생각하게 한다. 인간이 인공지능에 지배될지 아니면 인간적 가치를 가지고 이끌어 나갈지 미래는 불확실하다. 인간의 가치와 윤리, 인간 역할의 중요성이 부각되고 실제로 이런 논의가 빨리 이루어져야 하는데 기계적인 발달은 이러한 윤리적 논의보다 앞서 나간다.

참고자료

1. Silver, D., Schrittwieser, J., Simonyan, K., Simonyan, I., Huang, A., Guez, A., ⋯ Hassabis, D. (2017). Mastering the game of Go without human knowledge. *Nature, 550*, 354-359. doi: 10.1038/nature24270
2. 팀 쿡의 MIT 졸업식 축사 https://www.youtube.com/watch?v=ckjkz8zuMMs

인공지능이 인간을 지배할까?

인간이 인공지능을 지배할까?

미래는 인간과 인공지능이 함께할 것이다

그림 68-1

69. 인공지능은 어떤 방향으로 개발되어야 할까?

일부 사람들은 공상과학 소설처럼 인공지능이 인간의 세계를 지배하는 것은 아닌지 두려워한다. 아무도 알 수 없는 이야기이다. 하지만 세상은 가끔 큰일이 날 것 같다가도 평상시처럼 굴러간다. 너무 낙관적인 이야기일까? 인공지능으로 대체될 수 있는 직업군도 있지만 산업 양식이 변하는 만큼 다른 직업도 생겨나기 마련이다. 우리의 생활 방식도 맞춰서 변화한다. 지금까지 역사가 그래 왔던 것처럼 그렇게 흘러간다. 다만 기술의 발달이 상상하는 것보다 훨씬 빨리 진행되어 사람들은 두려움을 느낀다. 무엇이든 예측할 수 없을 때 불안감이 엄습한다. 이럴 때 우리 사회가 논의해야 하는 것은 대비책이다. 생활상의 변화로 어떤 문제가 발생할 수 있는지 정확하게 파악하여 변화에 대비해야 한다. 두렵다고 해서 피해서는 안 된다.

스마트폰이 아이들의 집중력에 방해된다고 다 없애라고 한다면,

그것이 가능한 일일까? 그렇지 않다. 아이들 스스로가 스마트폰 사용을 적절하게 조절할 수 있도록 교육하는 것이 바람직하다. 인공지능도 이와 마찬가지이다. 기술의 발달이 나아가는 방향을 거스를 수 없을 정도로 대세가 되어 버린다면 우리는 그런 기술을 인간에게 유익하도록 얼마나 잘 사용할 수 있을까 생각해야 한다. 나쁘게 사용한다면 당연히 두려움을 야기하게 된다. 마이크로소프트(Microsoft) 사의 인공지능 테이(Tay)는 트위터에서 욕설, 인종차별을 배웠다. 섬뜩한 느낌이 들었다. 이러한 시행착오를 거쳐 결국 인간의 생활에 유익하고 이로운 쪽으로 발전시키는 방법들을 논의하는 것이 바람직하다. 그러한 논의가 충분히 이루어진다면 인공지능에 대처하는 우리의 방식도 달라질 것이다.

앞서 언급했다시피 인공지능은 잘 사용하면 인간에게 지극히 유익할 수도 있지만 잘못 사용하면 인간을 위험에 빠뜨릴 수도 있다. 그러므로 윤리적인 문제가 화두가 되어야 한다. 추상적으로 윤리 문제를 언급하는 것은 별로 도움이 되지 않는다. 구체적인 논의가 인공지능 개발과 함께 가야 한다. 특화된 인공지능이 제대로 만들어졌다면 인간은 인공지능의 저장된 지식을 넘을 수는 없다. 이기고 지는 경쟁의 차원이 아니다. 기계와 인간을 '이긴다' '진다'로 비교한다는 것 자체가 잘못되었다. 어떻게 하면 우리 생활에 유익하게 개발하고 발달시킬 수 있을지 고민하는 것이 우선이다.

알파고 이후에 우리나라에서는 인공지능이 완전히 대세가 되어 버렸다. 진짜 인공지능이 아니라 단순한 알고리즘을 장착시킨 기계를 선전하는 데도 인공지능이라는 말을 붙인다. 그리고 사람들은 그것이 진짜 인공지능이라고 믿는다. 알파고의 여파는 연구 분야에 지원하는 정부 자금 규모에도 영향을 미쳤다. 현재 정부에서도 4차 산업에 관심을 갖고 그와 관련한 기초 과학과 핵심 기술에 더 많은 투자를 할 것이라고 한다. 또한 정부는 미래 신성장엔진인 인공지능과 로봇의 융합, 빅데이터 등 지능 정보 기술 개발을 전략적 정부 투자 범위에 포함시켰다. 제목만 인공지능이 아니라 실제 인공지능 구실을 할 수 있는 대상과 분야를 정확하게 판단하고 정부 사업을 추진하는 것이 필요하다.

우리 사회는 미래 산업 계획을 세우고 보강할 때 더없이 신중해야 한다. 선진국의 발전과 보조를 맞추는 것은 중요하지만, 선진국들이 이미 많이 앞서간 사업을 뒤좇아 가는 것은 쉽지 않다. 또한 곁다리 인공지능만 하다 보면 결국 선진국의 가공할 만한 인공지능이 등장했을 때 상대할 방법이 없다. 제대로 연구하지 않으면 이것도 저것도 아니게 된다. 무작정 인공지능 붐을 따르는 것이 아니라 우리의 강점을 더욱 발휘할 수 있는 특화된 영역을 찾아 거기에 맞는 인공지능을 개발하는 것도 무척 중요하다. 우리만의 독특한 아이디어를 이용한 인공지능을 만들어야 경쟁력이 있게 된다. 인공지능이란 이름이 붙은 가짜 인공지능의 개발에 돈을 잘못 사용하게 되면 결국 기술도, 시간과 돈도 다 하수구에 흘려 버리는 결과를 낳게 된다.

Part 12

인지의 응용:
뉴로마케팅

70. 뉴로마케팅은 무엇일까?

    뉴로마케팅(neuromarketing)은 소비자의 뇌에서 일어나는 정서적, 감각적, 그리고 전반적 인지과정을 이해하고, 이를 이용하여 제품을 생산하고 물건을 더 많이 팔기 위해 판매 전략을 세우는 것이다. 미처 파악하지 못했던 소비자의 마음과 행동을 더 깊이 있게 이해하여 생산 및 판매에 적용한다. 소비자는 제품 구매를 결정하기까지 뇌에서 일어나는 처리 과정을 모두 의식하는 것은 아니다. 뉴로마케팅은 소비자가 경험하는 무의식적 처리 과정까지 파악하여 이를 마케팅에 적용하고자 한다.[1] 단번에 주의를 끌어 제품을 의식하게 만들 수도 있고 제품이나 기업 이미지가 은근히 스며들도록 만들 수도 있다. 고객이 물건을 구매하기까지 의사결정을 하도록 의식적으로나 무의식적으로 유도하는 것이다. 이 과정에서 소비자의 구매 욕구를 극대화하여 구매를 결정하도록 뇌에서 일어나는 정신 처리 과정에 관심을 가진다.

기술이 발달하여 뇌파나 뇌영상촬영을 통해 뇌의 반응을 살펴보는 것이 용이해졌다. 그래서 뉴로마케팅 영역에서는 신경과학에서 쓰는 방법을 이용한다. 소비자의 심리를 세밀하게 이해하기 위해 뇌파, 뇌영상촬영, 시선의 움직임을 살피는 아이트레킹(eyetracking)과 피부전도도, 심장박동과 같은 신체의 생리적 반응 측정 등 다양한 방법을 적용한다.

얼마 전 2017년 4월 22일자 인터넷 중앙일보에 난 기사이다. 세계적인 여행사 익스피디아(Expedia)는 앞에 언급한 인지신경과학적인 연구 방법을 적용하여 웹사이트 레이아웃을 변경하고 개선하고 데이터를 모은다. 피부 반응과 시선 추적과 같은 방법을 통해 사람들이 숙박시설, 렌터카, 항공 등 여행 관련 상품을 검색하고 예약할 때 관심 있게 관찰하는 특징을 살피고 연구한다. 문화권이나 성별 등에 따른 선호도 차이도 웹사이트에 반영한다.[2] 이렇게 과학적인 방법을 사용하여 소비자가 원하는 취향에 맞추면 소비자는 이 사이트를 또 찾게 되고 다른 회사나 제품으로 쉽게 바꾸지 못하게 된다.

우리는 좋아하는 물건을 모두 구매할 수 있는 것은 아니다. 비싸고 화려한 물건이 좋다고 다 살 수는 없다. 사고 싶은 마음과 구매 행위는 차이가 있다. 구매 행위를 결정하는 가장 중요한 조건은 선호도와 가격이다. 제품에 비해 가격이 너무 비싸면 구매를 포기한다. 제품과 가격이 적정 수준이거나 가격에 비해 이득이라고 생각할 때 구매를 결정한다. 뉴로마케팅을 연구하는 연구자들은 사람들이 제품을 선호하고 좋아하는 감정을 느낄 때 단지 느낌에서 끝나지 않고 의사결정에 이르게 될 경우 내측전전두피질(medial prefrontal cortex), 측중격핵(nucleus accumbens; 혹은 중격의지핵), 뇌섬엽(insula)과 같은 특정 뇌부위의 발화 양상이 이를 예측할 수 있는지 연구하기도 한다.[3]

뉴로마케팅은 많은 데이터를 모으지 않아도 상품 판매에 대한 예측을 가능하게 한다. 이와 비교되는 마케팅 연구 방법은 빅데이터이다. 뇌파, 뇌영상촬영이나 생체반응을 이용한 뉴로마케팅은 인간의 내면을 들여다보고 싶어 한다. 뇌에서 일어나는 무의식적 처리 과정까지 이해하여 구매를 예측하고자 한다. 하지만 인간의 표출된 행동을 통해 축적된 빅데이터는 외관상 드러난 구매 패턴으로 내면에서 일어나는 일을 추정하게 된다.

예를 들어 보자. 인터넷으로 물건을 사는 것이 일상화된 요즘 인터넷에서 옷을 고르다 보면 마음에 든다고 모두 사는 것은 아니다. 세일을 기다리기도 하고 살까 말까 고민이 되면 장바구니에 담아 놓고 기다리기도 한다. 사려고 하는 것이 명확하지 않을 경우 이 제품 저 제품 클릭하기도 한다. 이때 빅데이터를 수집하는 쇼핑몰은 소비자의 움직임을 예의주시한다. 소비자가 의식하든 하지 않든 마우스를 클릭하는 패턴, 구매하는 상품의 종류, 망설이는 상품의 종류, 구매를 결정하는 가격대 등 많은 데이터를 분석한다. 그리고 소비자가 다시 방문하였을 경우 소비자가 좋아할 만한 물건을 광고처럼 띄우기도 하고 추천한다. 소비자의 관심을 끌 상품을 제시하여 결정할 시간을 줄이면서 소비를 유도하는 것이다. 또한 가격을 조정하여 소비자가 조바심이 나서 선뜻 구매하게 만들기도 한다. 모든 소비자의 형태를 분석하여 특정한 패턴을 알아낸다. 이때 빅데이터를 이용한 통계는 소비자의 심리를 반영한다. 뇌 안에서 일어나는 인지 과정을 뇌스캔이나 바이오피드백 방법으로 관찰하는 것이 아니라 인간의 외부로 표출된 방대한 행동 기록에서 규칙적이거나 특정한 패턴을 포착하고 미래 행동을 예측하여 마케팅에 반영하는 것이다. 외부적 행동 결과를 통한 분석은 뉴로마케팅에서 내부적 정신활동을 살펴보는 신경과학적 기법을 통해 서로 보완될 수 있을 듯하다.

소비자가 좋아하고 필요한 부분이 무엇인지 과학적 이해와 증거를 바탕으로 물건을 생산하게 되면 실패의 확률을 줄이고 자연스럽게 반응을 이끌어 구매로 이어지도록 한다. 또한 소비자의 행동 처리 방식이나 양상을 이해하게 되면 소비자의 구미에 맞게 상품을 생산, 판매하기 용이해진다. 이는 기업의 이윤과 소비자의 만족도와 직결된다. 그래서 뉴로마케팅을 연구하고 적용하려는 기업이 늘고 있다. 물론 개인 정보나 사생활을 침해하게 되는 등 윤리적인 문제도 대두된다. 인터넷, 인공지능과 같은 디지털이 지배하는 세상에서 과거보다 윤리 문제가 더 이슈화되고 있지만 아직까지 전문적으로 깊이 다뤄지지 않는 듯하다.

참고자료

1. Ariely, D., & Berns, G. S. (2010). Neuromarketing: The hope and hype of neuroimaging in business. *Nature Reviews of Neuroscience, 11*, 284-292. doi: 10.1038/nrn2795
2. 중앙일보 뉴로마케팅 관련 기사 http://news.joins.com/article/21501970?cloc=joongang

3. Knutson, B., Rick, S., Wimmer, G. E., Prelec, D., & Loewenstein, G. (2007). Neural predictors of purchases. *Neuron, 53*(1), 147-156. doi: 10.1016/j.neuron.2006.11.010

71. 물건을 파는 사람은 왜 상품을 자꾸 노출시키려고 할까?

인터넷에는 광고가 넘쳐 난다. 연관 검색어로 많은 상품을 찾을 수 있고 선택의 폭도 넓다. 하지만 고를 수 있는 품목이 너무 많으면 오히려 결정하기 어렵다. 결정하기 어려울 때는 자신이 아는 브랜드로 선택 품목을 좁힌다. 그래서 광고를 하는 사람이나 물건을 파는 사람들은 어떤 형태로든 상품이나 상품에 대한 정보를 사람들에게 자꾸 알리려고 애쓴다.

인간의 기억이나 판단은 쉽게 오류에 빠진다. 사람들이 특정 정보에 반복적으로 노출되면 그 정보가 진짜인지 가짜인지 정확하게 판단하지 않고 덥석 믿어 버린다. 그리고 사실로 기억한다. 심지어 정확한 사실을 알고 있어도 가짜 정보가 계속 반복되면 긴가민가하다가 믿게 된다. 이는 진실 효과(truth effect) 혹은 착시적 진실 효과라고 불린다. 상품 마케팅, 선전 그리고 대선 운동에서도 이 효과를 빈번하게 이용한다. 물론 노출된 정보가 그럴듯할수록 좋다. 듣기에 그럴 수도 있겠다는 생각이 든다면 사람들은 더 쉽게 믿는다. 그래서 가짜가 진짜가 되고 진짜가 가짜가 되는 일도 발생한다. 증명되지 않은 정보라도 기억에 진실이라는 도장을 꽝 찍어 버린다. 특정 정보에 자꾸 노출되면 사람들은 익숙해진다. 이러한 익숙함의 힘은 합리적 사고를 뛰어넘기도 한다. 광고, 대선 운동, 홍보 고수들은 진실 효과를 잘 이용하여 자신들이 퍼뜨리는 정보를 사람들이 믿도록 만든다. 뇌에 관한 이론을 몰라도 경험과 감각으로 뇌를 연구한 사람들보다 더 예리하게 파고들기도 한다.

인터넷 신문을 보면 광고가 많이 뜬다. 대부분의 광고는 사람들의 시선을 끌기 위해 애쓴 흔적이 보인다. 광고를 없애고 싶어도 어디를 눌러야 할지 모를 경우도 많다. 짜증이 날 지경이다. 광고를 하는 사람들은 인터넷 팝업 광고를 조금이라도 오래 노출시키기 위해서 광고를 없앨 수 있는 표시 마크 ×의 가시성을 줄이기도 한다. × 표시의 색을 바탕색과 거의 같도록 하거나, 광고의 테두리를 벗어나게 하여 금방 찾지 못하게도 한다. 아니면 실수로 광고를 켜도록 유도한다. 어떤 광고는 끄기 위해 한번 누르면 광고가 진해지고 다시 눌러야 광고가 없어지기도 한다. 광고자들은 이런 방법을 써서라도 자꾸 노출시키면 상품이나 광고의 내용이 보는 사람의 뇌에서 처리될 것이라 믿는다.

광고의 노출 효과를 높이려면 인터넷 광고 한 컷 안에 너무 많은 정보를 담으려고 하면 안 된다. 노출 효과도 보지 못하고 아무 내용도 전달하지 못할 가능성만 커진다. 한 컷 광고의 경우 눈길만 주어도 무엇인가를 쉽게 알 수 있도록 정보가 뇌에서 순식간에 처리될 수 있게 만드는 것이 필수이다. 광고를 금방 꺼도 내용이 이미 뇌에서 인식되어 버리면 광고 효과는 극대화된다. 모든 내용을 다 표기해야 좋은 광고로 분류되는 것은 아니다. 단순하면서도 뇌에서 자동화된 반응이 일어나도록 만든다면 강렬한 인상을 남길 수 있다. 이러한 전략하에 상품이 자주 노출되면 광고 효과는 더 커진다.

전주의 처리(preattentive processing)의 예

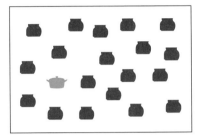

옆 그림에서 주황색 냄비를 찾아보자. 애써 찾지 않아도 금방 눈에 띈다. 주의를 완전히 기울이기도 전에 자연스럽게 그리고 아주 빠르게 사물의 특징이 처리된다. 이것은 전주의(preattention) 과정의 예이다.

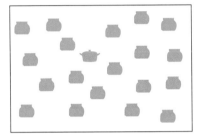

모든 사물이 주황색으로 구성된 왼쪽 그림에서는 냄비가 항아리와 같은 특징(색깔)을 공유하고 있다. 그래서 윗 그림보다는 냄비를 찾는 데 시간이 더 걸린다.

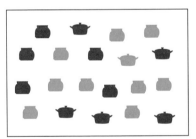

옆 그림에서는 주황색 냄비를 찾는 데 위의 두 그림보다 시간이 더 오래 걸린다. 찾는 냄비가 다른 사물들과 두 가지의 특징(모양과 색깔)을 공유하기 때문이다.

사람들의 시선을 끄는 그리고 직관적인 디자인을 만들기 위해서는 사람들이 애써 의식하지 않아도 쉽게 알 수 있게 하는 것이 중요하다. 예를 들어, 전주의 처리가 일어나도록 디자인하면, 보는 사람이 굳이 애쓰지 않아도 순식간에 뇌에서 정보가 처리된다. 인터넷 상에서 광고를 쉽게 닫지 못하도록 X(닫기)의 가시성을 조작하는 꼼수를 부리지 않아도 된다.

그림 71-1

72. 사람들이 자꾸 쳐다보는 물건에 마음이 더 가는 것이 사실일까?

시선의 움직임은 긴요한 사회적 신호이다. 태어난 지 얼마 되지 않은 영아들도 자신을 쳐다보는 상대방의 응시 방향에 따라 주의력 지속 시간은 달라진다. 성인도 당연히 상대방의 응시 방향에 따라 행동과 반응에 영향을 받는다. 특정한 사물로 눈길이 갔다는 사실은 단지 쳐다보는 사람의 주의가 사물로 옮겨 갔다는 것 이상을 의미한다.

사람들은 타인의 눈길이 간 물건을 더 선호한다. 굳이 고개를 돌려 쳐다보지 않고 눈길만 줘도 그렇다. 영국 뱅거(Bangor) 대학교 심리학과에서 한 실험이 이러한 사실을 뒷받침한다.[1] 컴퓨터 화면에 무표정한 사람이 고개를 그대로 둔 채 시선만 좌측 혹은 우측으로 돌렸다. 그리고 연이어 어느 한 공간에 일상생활에 사용하는 사물이 나타났다. 이때 피험자들에게 보고 있는 사물이 어떤 범주(주방용품, 연장)에 속하는지 판단하는 과제를 시켰다. 과제가 끝난 후 실험 중에 보았던 사물에 대한 선호도를 조사했다. 실험에 참가한 사람들은 화면에 나타난 사람이 어디를 쳐다보든 무시하라는 요구를 받았음에도 불구하고 타인의 시선이 향했던 물건을 더 좋아하는 경향이 있었다 ([그림 72-1] 참조). 또한 시선이 사물을 향하게 되면 그렇지 않을 때보다 사물 범주에 대한 판단력이 빨랐다. 타인의 시선은 주의력 전환과도 관련되고 자신이 본 사물에 대한 선호도를 판단하는 데 무의식적으로 영향을 미쳤던 것이다.

이와 같은 실험에서 시선과 감정을 띤 표정을 결합하게 되면 선호도 판단에 더 큰 영향을 미치게 된다. 피험자들은 화면에 나타난 사람들이 행복한 표정이나 역겨운 표정을 띤 채 좌측 혹은 우측 공간을 쳐다보더라도 그것을 무시해 버렸다. 하지만 실험 마지막에 행한 물건에 대한 선호도 판단은 표정과 시선에 분명히 영향을 받았다. 역겨운 표정으로 시선이 향한 물건보다 행복한 표정과 함께 시선이 향한 물건을 훨씬 더 선호했다.[2] 시선에 감정까지 개입되어 선호도 결정에 상승효과를 내게 된 것이다.

눈동자의 움직임은 상대방의 의도를 파악하는 중요한 단서이다. 다음 단계로 행동을 취하겠다는 의도를 암시할 수 있다. 그래서 시선의 움직임은 상대의 반응이나 동작을 예측하게 한다. 타인이 물건을 쳐다보면서 물건을 잡는 동작을 하면 그것을 관찰하는 사람의 뇌 영역 중 움직임과 관련한 영역이 활성화된다. 거울세포 시스템을 비롯하여 사물을 잡는 손동작과 관련한 뇌 영역이 반응한다. 굳이 물건을 잡지 않고 시선을 두기만 해도 이들 영역이 어느 정도 활성화된다.[3] 상대방이 움직이지 않고 단순히 사물에 시선을 두었을 뿐인데 움직임과 관련한 뇌 영역이 발화하는 이유는 상대방의 의도를 시선을 통해 추출해 내기 때문이다. 결국 팔고 싶은 제품에 사람들의 시선이 많이 가도록 만드는 것이 구매를 유발할 가능성을 높이는 길이다.

또한 구매자의 시선이 어디에 머무는지를 아는 것도 중요하다. 사람들이 어떤 요소에 시선이 머무는지 과학적인 데이터를 확보하게 되면 제품 개발이나 전시, 광고 포스터, 인터넷 광고 등에 요긴하게 쓸 수 있다. 대표적인 방법이 아이트래킹(eyetracking)이다. 아이트래커(eyetracker)로 불리는 기계를 통해 시선의 동선, 시선이 머무는 시간 그리고 몇 번이나 시선이 가는지 측정한다. 과학적인 데이터를 이용하게 되면 전적으로 촉에 의해 제품을 개발하는 것 이상의 좋은 결과를 낼 수 있다. 이렇게 모인 데이터가 쌓이게 되면 빅데이터가 된다. 사람들은 자신의 '감'을 쉽게 믿지만 막상 감이 성공한 비율을 일일이 기록해 보면 성공률이 그리 높지 않다는 사실을 깨닫게 된다. '감'에 의존하게 되면 시간이 갈수록 한계에 부딪힐 수 있다. 이제 경제, 홍보, 리더십 영역 등에서도 과학적인 데이터에 근거하여 뇌를 이용하는 방법이 대세를 이룰 수밖에 없다.

참고자료

1. Bayliss, A. P., Paul, M. A., Cannon, P. R., & Tipper, S. P. (2006). Gaze cueing and affective judgments of objects: I like what you look at. *Psychonomic Bulletin & Review, 13*(6), 1061-1066. doi: 10.3758/BF03213926
2. Bayliss, A. P., Schuch, S., & Tipper, S. P. (2010). Gaze cueing

elicited by emotional faces is influenced by affective context. *Visual Cognition, 18*(8), 1214-1232. doi: 10.1080/13506285.2010.484657

3. Becchio, C., Bertone, C., & Castiello, U. (2008). How the gaze of others influences object processing. *Trends in Cognitive Sciences, 12*(7), 254-258. doi: 10.1016/j.tics.2008.04.005

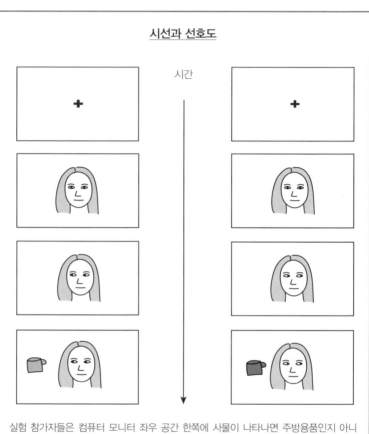

시선과 선호도

시간

실험 참가자들은 컴퓨터 모니터 좌우 공간 한쪽에 사물이 나타나면 주방용품인지 아니면 연장인지 판단하는 과제를 하였다. 실험 중 나타나는 사람의 시선은 과제와 전혀 관계가 없으므로 무시할 것을 요구받았다. 과제가 끝난 후 참가자들에게 사물에 대한 선호도를 조사했더니 시선을 받은 사물을 더 선호하는 경향이 있었다. 시선에 감정 표현(행복, 역겨움)까지 가미되면 사람들은 선호도 결정에 더욱 영향을 받게 된다.[1, 2]

그림 72-1

73. 다중감각을 자극하는 것이 마케팅에 왜 도움이 될까?

　텔레비전을 보고 있으면 정말 사람의 구미를 당기는 광고가 있다. 한밤중에 출출한데 냄비에서 보글보글 끓는 라면 광고를 보면 참을 수가 없다. 보글거리는 소리와 후루룩거리는 장면은 침샘을 자극하고 먹지도 않은 라면 맛이 입 속을 감돈다. 특히 유명한 스포츠 선수가 김이 모락모락 피어나는 라면을 후루룩 소리를 내면서 먹으면 보는 사람도 출출해진다. 사 먹지 않을 수 없다. 사람의 구미를 당기게 만드는 일은 식품 기업의 입장에는 판매량과 직결된다. 다중감각을 활성화시키는 것은 음식만이 아니다. 화장품, 자동차 등 많은 제품이 있지만 여기서는 음식을 예로 들까 한다.

　광고나 디자인을 통해 다중감각을 자극하게 되면 뇌리에 박혀 오래 기억된다. 색깔, 소리, 감촉 등 자극을 극대화시켜 상품을 각인시키면 제품의 인식도가 올라가게 되고, 사고 싶고 또 사게 된다. 시각,

후각, 미각, 청각, 촉각으로 동시에 들어오는 정보는 뇌에서 서로 상호작용을 하고 통합된다. 각각 독립적으로 작용할 것 같지만 다양한 감각을 동시에 자극시키게 되면 뇌에서 상승효과를 기대할 수 있다. 더 맛있게 느끼거나 선호하게 된다. 반면, 서로 맞지 않는 감각 자극이 상충하게 되면 오히려 특정 감각의 효과를 감하기도 한다. 상품에 대한 욕구가 사라지게 된다.

옥스퍼드(Oxford) 대학교 찰스 스펜스(Charles Spence) 교수의 2015년 리뷰 논문을 보면 다중감각이 음식 맛에 영향을 미치는 예들이 잘 나와 있다. 여기서는 그 예들을 소개하고자 한다.[1] 음식의 색깔은 맛을 돋운다. 딸기는 빨갛고 바나나는 노랗다. 그래서 딸기맛 우유는 분홍빛이고 바나나맛 우유는 노란색을 띤다. 이러한 색깔은 맛의 강도에 영향을 미칠 수 있을 뿐만 아니라 색깔이 원재료를 연상시키기도 한다. 색깔을 변형하게 되면 전혀 다른 재료의 맛을 느끼게 된다. 딸기맛이 녹색을 띤다면 딸기맛을 제대로 느낄 수 없을 뿐만 아니라 다른 맛으로 착각할 수도 있다.

음식을 담아내는 그릇 색깔 또한 맛에 영향을 미친다. 언 딸기 무스를 검은 접시에 담을 때와 흰 접시에 담을 때 사람들은 맛이 다르다고 느낀다고 한다. 흰 접시 위의 딸기 디저트가 더 달짝지근하고 향이 진하다고 느낀다. 커피나 핫초코와 같은 음료도 컵의 모양이나 컵 색깔에 따라 맛을 달리 느낀다. 컵을 변경하게 되면 음료의 맛이 달라졌다고 불평하는 고객들도 있다고 한다. 과거 코카콜라가 세계야생생물기금(World Wildlife Fund) 캠페인을 위해 빨간색 코카콜라 캔을 흰색으로 바꿨더니 똑같은 콜라임에도 불구하고 사람들은 평소에 마시던 콜라 맛이 아니라고 불평했다.

소리도 맛이나 재질을 느끼는 감각에 영향을 미친다. 과자를 먹을 때 어떤 과자는 부드러워야 하고 감자칩과 같은 과자는 부드럽기보다는 바삭하면 더 맛있게 느껴진다. 과자를 씹을 때 와그작 소리가 크게 날수록 사람들은 과자가 더 바삭하다고 느낀다. 과자가 약간 눅눅해도 와그작 씹는 소리를 크게 들려주면 사람들은 실제보다 과자가 더 바삭하다고 인식한다. 이뿐만이 아니다. 식당에 틀어 놓은 배경 음악, 조명도 맛과 향을 느끼는 감각을 변화시킬 수 있기 때문에 시음회나 시식회를 할 때 이러한 사항을 고려한 장소에서 하는 것도 판매량에 영향을 미칠 수 있다.

좋아하는 물건을 보면 사고 싶고, 맛있는 음식을 보면 먹고 싶다. 이때 구매자의 다중감각은 상품을 선택하고 구매 행위를 결정하는 바탕이 될 수 있다. 과자의 포장지 색깔이 맛을 좌우하고 음식이 담긴 그릇, 식사 중 나오는 음악조차 맛을 느끼는 감각 처리 과정에 개입하기 때문이다. 인간이 지니고 있는 감각을 십분 이해하여 소비 심리를 과학적으로 분석하고 판매에 이용하게 되면 성공적인 마케팅이 될 수 있다. 우리는 물건을 사고팔지 않고는 살 수 없는 시대를 살고 있다. 인간 세상에서 감각지각과 경제는 뗄 수 없는 관계이다.

참고자료

1. Spence, C. (2015). Multisensory flavor perception. *Cell, 161*, 24-35. doi: 10.1016/j.cell.2015.03.007

74. 광고에서 정서를 자극하는 이유는 무엇일까?

광고에서는 우리의 정서를 자극하는 경우가 꽤 많다. 이를 감성 마케팅이라고 부른다. 정서를 이용한 광고로 지금까지 히트한 상품이 있다. 누구나 쉽게 떠올릴 수 있는 제약회사의 드링크와 한 제과업체의 초콜릿을 입힌 과자가 그 예이다. 제과회사에서 표방한 '정'이라는 광고는 제품과 연결되어 제품을 보거나 이름만 들어도 '정'이라는 단어를 연상시킨다. 또한 제약회사의 드링크 광고도 내용을 자세히 기억하지 못해도 무엇인가 따뜻하다는 느낌을 불러일으키기도 한다.

광고가 정서를 자극하도록 만드는 이유는 여러 가지이다. 편도체와 같이 감정과 관련한 뇌 영역은 기억 처리 기관인 해마와 인접해 서로 활발하게 의사소통한다. 정서는 기억과 밀접한 관계를 맺고 있다. 그래서 사람들은 정서와 관련한 사건을 더 잘 기억한다. 또한 정서가 우리의 행동 방향을 결정하는 데 중요한 역할을 한다. 긍정적인 정서는 브랜드 이미지와 연결되고 제품을 살지 말지 최종 의사결정에 크게 영향을 미친다.

미국의 한 택배 회사는 단지 우편물만 배달하는 것이 아니라 행복과 기쁨을 배달한다고 광고를 한다. "다르게 생각하라(Think different)."를 모토로 삼은 한 회사의 광고는 생각의 혁신과 창의를 통해 미래에 대한 도전의 마음을 심어 준다. 이러한 광고는 회사 이미지를 더욱 밝게 한다. 익살스럽거나 유머가 넘치는 광고는 상품을 구매할 때마다 웃음이 일게 만들기도 한다. 반면, 부정적인 감정을 불러일으키는 경우도 많다. 예를 들어, 공익광고의 경우 공포, 슬픔, 놀라움과 같은 감정이 경각심을 일깨운다. 산불이 나는 장면은 공포스럽기 그지없다. 음주운전으로 인한 교통사고 장면은 섬뜩하다. 마약, 담배, 생활하수, 신용불량, 폭력 등을 멈추게 하기 위한 공익광고들도 마찬가지이다.

요즘 인터넷상에서 소액투자(microlending)나 크라우드펀딩(crowdfunding)을 심심찮게 보게 된다. 소액투자나 기금을 이끌어 내는 데도 정서적인 요소가 중요하게 작용한다. 미국 스탠퍼드(Stanford) 대학교 심리학과 연구팀이 소액투자를 받으려고 하는 사람들의 성공률이 어떤 요소에 의해 영향을 받는지 조사했다. 보통 인터넷상에서 투자를 결정하는 사람들은 모금자의 사진과 취지를 읽고 판단한다. 이때 돈을 빌리려는 사람의 사진이 긍정적인 느낌을 불러일으켜 투자자의 주목을 끄는지의 여부가 중요하다. 실제로 사진이 긍정적인 정서를 불러일으키게 되면 시간당 모금률이 높고 지정된 시간보다 빨리 성공할 수 있다는 것이다. 긍정적인 정서를 일으키는 경우 슬프거나 화가 난 부정적인 표정의 사진일 경우보다 모금을 성공하는 데 더 효과가 있다. 사람들이 모금자의 사진과 모금내용을 보는 동안 뇌영상촬영을 하였더니 모금자의 사진이 긍정적이고 투자자의 관심을 끌 때 측중격핵(nucleus accumbens)의 활성화 정도가 높아졌다. 긍정적으로 주목을 끄는 정도가 커질수록 측중격핵의 활성화 수준도 올라갔다.[1] 이 영역의 활성화는 모금 성공률과 관련이 있을 것이라 예측한다. 측중격핵은 음식, 마약, 성적 쾌락과 관련한 보상 자극을 처리하는 보상 시스템의 일부분이다. 이 영역은 정서적인 장면, 기쁜 장면을 상상하거나 정서를 자극시키는 그림을 볼 때도 관여한다.

정서는 광고 효과의 강도를 높일 수 있다. 굳이 광고가 아니더라도 상대방에게 도움을 청할 때도 허심탄회하게 자신의 어려운 처지를 얘기를 하면 상대방의 마음을 움직이게 된다. 특히 연설을 하거나 군중에게 무엇인가를 호소할 때도 그렇다. 상대방의 정서를 자극하는 것은 상대의 관심을 끌고 행동을 선택하고 결정하는 데 핵심적인 역할을 한다.

참고자료

1. Genevsky, A., & Knutson, B. (2015). Neural affective mechanisms predict marjet-level microlending. *Psychological Science, 26*(9), 1411-1422. doi: 10.1177/0956797615588467

75. 상품의 디자인이 보는 사람의 행동을 자연스럽게 유도할 수 있을까?

우리는 말로만 세상을 사는 것은 아니다. 말없이 동작하거나 행동하기도 한다. 또한 자신도 모르게 동작이 나오는 경우도 있다. 특히 사물을 조작하거나 시각적인 대상을 볼 때 무작정 행동 반응부터 나오는 경험을 누구나 쉽게 경험한다. 인식하지 못하는 사이에 사물이나 대상이 사람의 행동을 유발하는 것을 행동유도성(affordance)이라고 한다. 행동유도성은 사람과 사물의 상호작용으로 굉장히 빠르게 작용한다. 왜냐하면 인지의 개입이 적기 때문이다. 인지적 개입이 발생하기 전 혹은 의식하기 전에 일어나기 때문에 대체적으로 언어에 대한 반응보다 빠르게 일어나기도 한다. 1976년에 이 용어를 소개한 제임스 깁슨(James Gibson)이라는 심리학자는 행동유도성에서 인지 개입을 배제한다. 이 부분은 학문적으로 논쟁이 되는 부분이라 여기서는 언급하지 않도록 하겠다.

행동유도성의 개념은 이해하기가 쉽지 않다. 그래서 생활에서 일어날 수 있는 아주 쉬운 예를 들어 설명할까 한다. 필자의 아이가 세 살 무렵일 때 함께 영국에서 런던행 기차를 타고 가다 생긴 일이다. 화장실에 가고 싶어 하는 아이를 데리고 기차 안 화장실에 갔다. 가만히 있지 못하는 아이를 붙잡고 뒤치다꺼리를 하느라 정신이 없었다. 세 살짜리 사내아이가 평소에 얌전히 있지 않을 것이라는 것은 누구나 쉽게 상상할 것이다. 기차 안 화장실에는 갑작스럽게 생기는 피치 못할 상황에 대비해 승객이 누르기 쉽도록 비상벨이 나지막이 붙어 있었다. 아이가 비상벨(단추 모양)을 여러 차례 누른 모양이었다. 필자는 전혀 알아채지 못했다. 화장실 스피커로 들려오는 안내방송에서 "무슨 일입니까? 위급한 일 있어요?"라는 멘트가 여러 차례 들려온 뒤에야 무슨 일이 있었는지 알아차릴 수 있었다. 비상벨의 벨 모양과 위치는 아이의 '누르기' 행동을 강하게 유도하였던 것이다.

뇌손상 환자 중 시각언어상실증(optic aphasia)을 보이는 경우가 있다. 눈으로 보는 사물의 이름을 잘 대지 못한다. 예를 들어, 망치, 컵, 연필과 같은 사물이 나오면 이름을 잘 명명하지 못한다. 그래서 이러한 증상을 보이는 환자들은 손동작으로 사물을 먼저 표현한 다음 이름을 생각해 내기도 한다. 사물을 보여 주고 어떻게 사용하는지 동작을 취해 보라고 하면 어려움 없이 잘하는 편이지만 이름을 대라고 하면 영 어려워한다. 이와 전혀 반대되는 증상도 있다. 시각적 행위상실증(visual apraxia)이다. 시각적 행위상실증을 보이는 환자는 망치, 컵, 연필을 앞에 놓고도 어떤 동작을 취해야 하는지 몰라 당황하거나 가만히 있다. 행동으로 직접 나타내는 데 어려움이 있는 것이다. 하지만 사물이 무엇인지 알고 사용하는 법을 말로 설명하기도 한다. 사용법을 설명할 수 있는데 실제로 사용 동작을 취하지 못하는 것이 의아하게 여겨질 수 있겠지만 놀랍게도 이러한 증상이 뇌손상 이후 일어나기도 한다.

이렇게 상반되는 증상이 나타나는 이유는 시각으로 들어오는 사물은 뇌에서 하나의 정보 처리 경로를 통해 처리되는 것이 아니기 때문이다. 눈으로 들어온 사물이 처리되는 대표적 시각 처리 경로는 현재까지 두 종류로 설명된다(제삼의 경로를 제시하는 학자도 있다). 사물을 인식하고 명명하는 처리와 관련한 경로(일명 'what' 경로로 불림)와 사물에 손을 뻗고 만지고 사용하는 행동과 관련한 경로(일명 'where' 또는 'how' 경로로 불림)가 있다([그림 2–2] 참조). 이 둘은 상호작용하지만 서로 분리되어 있다. 이렇게 분리된 경로로 인해 뇌의 손상 영역에 따라 다른 증상이 나올 수 있는 것이다. 행동유도성의 의미는 일명 'where' 혹은 'how' 경로와 관련이 있다.

행동유도성은 상품 디자인, 웹디자인 등에서 잘 응용될 수 있는 개념이다. 예를 들어, 수도꼭지의 모양은 다양하다. 옆으로 돌리거나, 위로 올리거나, 목욕탕 샤워기처럼 누르거나, 자동으로 나오는 등 디자인에 따라 돌려야 하는지, 올려야 하는지, 눌러야 하는지 알 수 있다. 그런데 올리는 모양처럼 생겼는데 아무리 올려도 물이 나오지 않고 사용 방법이 모호하다면, 모양은 예쁠 수 있으나 행동유도성 면에서는 좋지 않은 디자인이다. 행동유도성이 좋지 않다고 해서 모두 나쁜 디자인인 것은 아니다. 대상의 쓰임새와 장소에 따라 행동유도성에 초점을 맞출 수도 있고 아닐 수도 있다. 앱이나 인터넷 광고에서 사람들이 꼭 찾아봐 주기를 원한다면 보는 사람도 의식하지 못하는 사이에 '클릭' 행동을 재빨리 이끌어 내야 한다. 앞에서 언급했지만 광고를 중단시키는 × 표시의 크기를 작게 하거나 옅게 만드는 등 가시성을 조작하는 것은 행동유도성이 아니라 꼼수이다.

행동유도성을 이용한 디자인은 생활에서 유용하다. 편리성과 연관되기 때문이다. 출입문의 디자인이 미는 행동을 유발하면서 당겨야 한다면 불편을 야기한다. 의자의 앉는 부위가 울퉁불퉁 특이하다면 '앉는다'는 행위를 유도하기보다는 작품을 감상하는 선에서 끝날 수도 있다. 전자 제품을 샀는데 사용하기 어려우면 특히 나이 든 사람들은 불편하다. 전자 제품의 버튼이 직관적으로 배치되어 누르는 동작으로 쉽게 이끈다면 편리한 제품이 될 수 있다. 비싸다고 무조건 좋다고 할 수 없다. 그리고 복잡한 기능을 많이 가지고 있다고 해서 반드시 좋은 것도 아니다. 보기에는 별것 아닌 듯해 보이는 생활용품일지라도 이러한 행동유도성을 염두에 두고 만들어진다면 무의식적으로 자연스럽게 행동을 유도하는 편리한 디자인이 될 수 있다.[1]

우리 주변에는 많은 사물이 있고 우리는 그것을 매일 시시때때로 사용한다. 의식적으로 이용할 수도 있지만 무의식적으로 사용하기도 한다. 일상생활 제품들은 모두 인간의 뇌에서 나온 아이디어의 결과들이다. 뇌기능에 얽매일 수밖에 없다. 그러므로 뇌의 기능을 이해하고 제품 디자인에 반영하는 것은 인간이 좀 더 편리하게 생활하기 위해 필요한 부분일 뿐만 아니라 아름다움을 넘어선 인간을 위한 디자인이 될 수 있다.

참고자료

1. Norman, D. A. (1996). **디자인과 인간심리**(이창우, 김영진, 박창호 공역). 서울: 학지사. (원저는 1988년에 출판).

저자 소개

윤은영 (YOON, EUN YOUNG)

저자 윤은영은 인지신경과학자로 영국 버밍엄 대학교 인지과학 석사를 거쳐 동 대학교 심리학과에서 인지신경과학으로 박사학위를 받았다. Economic and Social Research Council Postdoctoral Fellowship(ESRC 박사후 펠로우십), British Academy Postdoctoral Fellowship(브리티시 아카데미 박사후 펠로우십), Wellcome Trust Value in People Grant(웰컴 트러스트 밸류 인 피플 그랜트)를 수상하면서 버 밍엄 대학교에서 리서치 펠로우로 근무하였으며, 현재 한국뇌기능개발센터 원장으 로 재직 중이다. 또한 성신여자대학교 심리학과 대학원에서 신경인지과학과 인지 재활을 가르쳤으며, 영남대학교 심리학과 겸임교수를 역임하였다. 대표 저서로『뇌 를 변화시키는 학습법』(한국뇌기능개발센터, 2016)이 있으며, 이는 2016년 한국과 학창의재단 우수과학도서로 선정되었다.

뇌에 관한 75가지 질문

묻고 답하며 이해하는 뇌과학

A Journey through the Brain with 75 Essential Questions

2018년 4월 30일 1판 1쇄 발행
2019년 4월 10일 1판 2쇄 발행

지은이 • 윤 은 영
펴낸이 • 김 진 환
펴낸곳 • (주) **학지사**

     04031 서울특별시 마포구 양화로 15길 20 마인드월드빌딩 5층

대표전화 • 02) 330-5114   팩스 • 02) 324-2345

등록번호 • 제313-2006-000265호

홈페이지 • http://www.hakjisa.co.kr
페이스북 • https://www.facebook.com/hakjisabook

ISBN 978-89-997-1546-4 03180

정가 15,000원

이 도서의 국립중앙도서관 출판시도서목록(CIP)은 서지정보유통지원시스템 홈페이지(http://seoji.nl.go.kr)와 국가자료공동목록시스템(http://www.nl.go.kr/kolisnet) 에서 이용하실 수 있습니다.

(CIP제어번호: CIP2018009731)

교육문화출판미디어그룹 학지사

학술논문서비스 **뉴논문** www.newnonmun.com
심리검사연구소 **인싸이트** www.inpsyt.co.kr
원격교육연수원 **카운피아** www.counpia.com
간호보건의학출판 **학지사메디컬** www.hakjisamd.co.kr